開放合作！

釋放香港社羣力手冊

編著／鄒崇銘

開放合作！——釋放香港社羣力手冊

編　　著／鄒崇銘
策劃編輯／呂瑋宗
美術設計／losau
攝　　影／Iris Chan, John Lui
出版發行／突破出版社
香港沙田亞公角山路 33 號突破青年村
電話：2632 0000　傳真：2632 0388
電郵：breakthrough@breakthrough.org.hk
網址：http://www.breakthrough.org.hk
http://www.btproduct.com
承　　印／陽光（彩美）印刷有限公司
2017 年 4 月初版 1 刷

OPEN CO-OPERATIVISM IN HONG KONG

Edited by Chow Sung Ming
First Printing, First Edition, April 2017

Printed in Hong Kong
ISBN 978-988-8392-29-2

誠邀閣下就突破出版社的書籍發表意見
歡迎加入突破書籍 Facebook page —— http://www.facebook.com/btbooks.page

本書採用環保油墨印刷

社會

文化

目錄

【代序】合作為這城市造一個蛋糕

／呂瑋宗

共享，是幼稚園課程其中一個學習主題。想不到，當提升至城市發展層面，共享更能夠成為一種社羣力，一股改變城市命運、讓它繼續成長的巨大力量。

自下而上、由民間牽頭的同儕共享／分享／互惠／協作／合作模式，正吸引各地大專學者研究，盼望探求挽救城市的配方，在樽頸位推演出人類的未來。可是，這種共享經濟（sharing economy）模式卻逐漸被扭曲，甚至被強大的中央集權體系操控，充當鞏固資本壟斷的市場工具。近年，有人提出開放合作運動（open co-operativism），強調共享背後須以互惠為本，把由市場經濟主導的資源分配模式，逐步以共同體（commons）為本的分配模式所取代。

近年，很多香港市民感到社會禮崩樂壞；不少人更捲起衣袖站出來，企圖親手挽救這個都市。當我們不快樂、不滿足、對權勢失望，便是時候團結起來，決心「自己社區／城市自己救」。赫然發現，原來大家各有所長，大可互幫一把；各自拿點資源，加點創意，合力解決生活所需。共學、共廚、共作、共宅、共乘、共購，還有數不盡的生活層面可進行共享。有共同願景，生活可過得輕省一點。

與鄰舍合作，身體力行，為眾人幹些貼心貼身的事，滿足感難以言喻。獨樂樂不如眾樂樂。有人説，有同行、分享的對象，快樂是加倍的。就像一班小孩，身水身汗合作炮製一個蛋糕，一同吃得暢快、充滿自豪感。

在香港，社羣互惠合作從來不是新事。「人人為我，我為人人」，是粵語片《危樓春曉》（1953）中演員吳楚帆的經典對白；粵語片《家和萬事興》（1956）主題曲《一枝竹仔》，亦強調「大眾合作好相處」；楚原執導電影《七十二家房客》（1973）的守望相助精神，更是上一輩香港人耳熟能詳。至八十年代，關心社區、建設城市是公民教育的重要主題，由關正傑等時令當紅歌星主唱的《蚌的啟示》(1987),當年更在校園和媒體熱播。

與其說,開放合作運動是「革命」,不如說是「復興」吧。究竟從何時開始,街坊、社羣的關係變得疏離,各家自掃門前雪?當社會發展僵化、權力、資源高度集中、在位者無法有效解決基層問題時,市民是時候覺醒,重拾這份久違了的孩童初心,齊來為這城市造一個蛋糕。

感謝鄒崇銘先生的努力,梳理大量文獻及各地實踐案例,特別是介紹南韓的成功經驗,揭示社羣力的奧秘;並感謝他邀請好友從多角度切入,同心合力剖析相關議題。

這本著作,將帶領讀者進入深層次的城市解讀,了解一個都市如何停滯發展、如何成長。或許,比突破出版社近年的社會文化書系艱深,但附以解說和釋義,相信一般青少年讀者也可讀得明白,引發對未來的想像。

編排方面,會先介紹南韓的社羣力開發經驗,再整合理論,然後分享本港不同生活層面的實踐經驗,讓大家參考。

想貢獻社區/社會,毋須等待長大成人之後吧?無論男女老幼都是社羣一份子,都可做點實事貢獻才幹,讓自己和鄰舍活得好點、快樂一點!

第一章

南韓啟示錄

社羣力揭秘

因過分集中經濟增長而忽略民生需要，令國家進退維谷，是今天不少地方的寫照。南韓iCOOP的合作社發展經驗向全球人類作出啟示，說明倡議民間互惠共享、釋放社羣力，可讓卡住已久的社會經濟解脫出來，繼續運作下去。

其實這並非什麼神秘國策，只是返回「人人為我，我為人人」的基本人鄰關係和價值。

在這一章，將會介紹南韓的社羣力發展經驗，並思考在香港實踐的可能性。

photo by Savvapanf / Shutterstock, Inc.

1.1 異象：需要的城市，想要的未來

／鄒崇銘

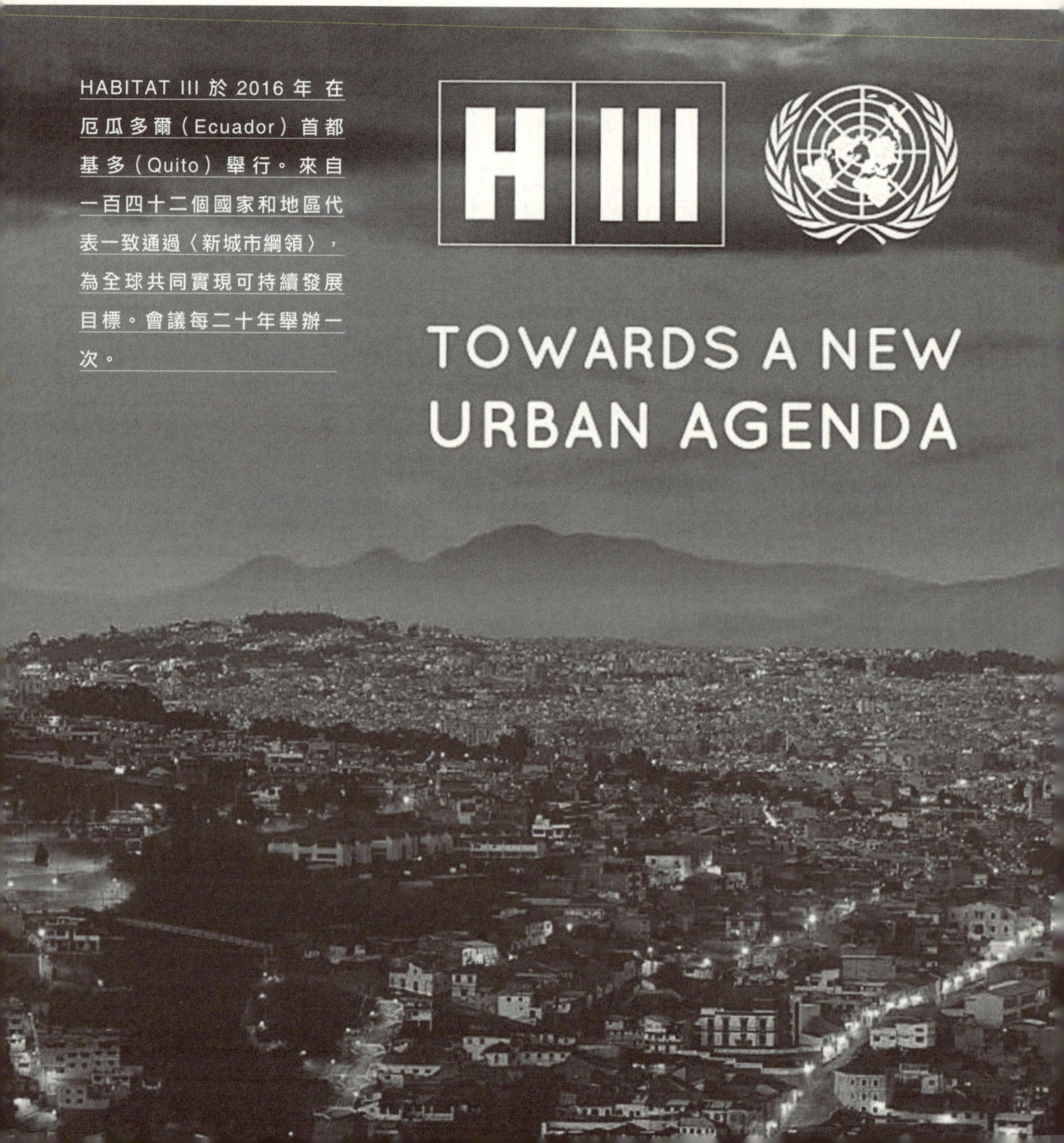
H III
TOWARDS A NEW URBAN AGENDA

HABITAT III 於 2016 年在厄瓜多爾（Ecuador）首都基多（Quito）舉行。來自一百四十二個國家和地區代表一致通過〈新城市綱領〉，為全球共同實現可持續發展目標。會議每二十年舉辦一次。

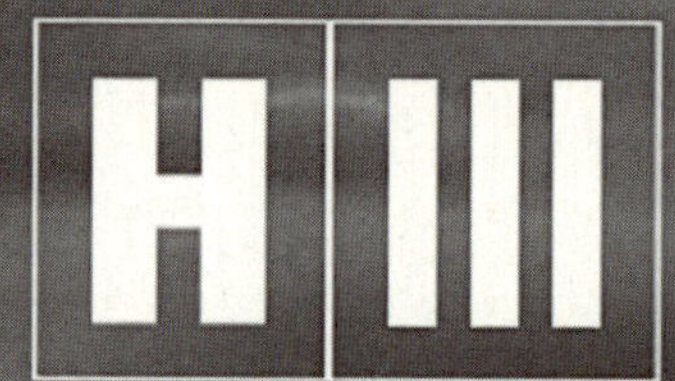

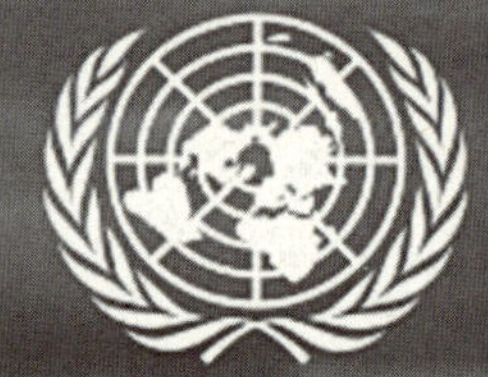

■ 捫心自問，我們知道自己需要怎樣的城市嗎？

2016年，聯合國住房及可持續城市發展會議（The United Nations Conference on Housing and Sustainable Development, HABITAT III）將主題定為：「我們想要的未來，我們需要的城市（The Future We Want, The City We Need.）」。

到底，我們居住的城市是我們需要的，抑或是想要的呢？大概連三歲小孩，也開始學習什麼是想要（want），什麼才是真正的需要（need），知道不應胡亂浪費金錢去滿足一時衝動的消費慾，但我們的城市卻總是背道而馳，將物質生活看成生活的全部，不斷盲目地把消費主義推向極致。

搶佔我們資源的，不一定是外地人

本港有些人將這種揮霍無度、瘋狂耗用資源的病態行為，歸咎於大陸旅客、紅色資本、貪得無厭的「強國人」，指責他們來到早已「迫爆」的香港，搶佔我們僅有的資源。他們認為，外來的掠奪是問題癥結，若要滿足我們的需要，首先要制止大陸人的想要，香港才會有我們想要的未來。

然而，一味強調中港融合所帶來的禍患，就能滿足港人真正的需要嗎？可曾想過，正搶佔我們資源的不一定是外地人；恰好相反，是本土位高權重的管治精英。他們用經濟學專業述語，例如比較優勢、國際都會、經濟機遇、城市競爭力等，來包裝掠奪行為。他們游説市民不斷搵錢、不斷花錢，之後再搵更多錢、再花更多錢，最終沒完沒了，總是不斷「想要」。（註1）

■ *Prosperity Without Growth: Economics for a Finite Planet* 指出資本主義是個極不穩定的制度，要靠不斷增長支持。

資本主義，靠增長維持暫時穩定

或許管治精英也有他們的「道理」。正如英國索立大學（University of Surrey）永續發展學教授 Tim Jackson，在著作 *Prosperity Without Growth: Economics for a Finite Planet*（2009）中一語道破，指資本主義是個極不穩定的制度，須通過增長才能維持暫時穩定；一旦增長機器放慢，經濟便會立即陷入崩潰邊緣。故此，開始有人提出**去增長**（degrowth）的想法，企圖打破困局。

去增長
一場主張限制經濟發展速度的思潮和運動，避免迅速耗盡有限的地球資源，促進不同羣體和世代更公平地分享。

在資本主義社會，就算不是我們真正想要的東西，主流經濟學家也會設法説成是，總之就要支撐經濟不斷高速增長。2016 年 2 月，時任香港財政司司長曾俊華發表預算案，宣佈動用四百億港元「派糖」，目的並非改善市民生活，而是要刺激消費，保住香港經濟不再「插水」。

在發展水平較低的城市（按國際標準而言），如內地的二、三線城市，難免有種「醜小鴨情結」，總希望有天能「超深趕港」，踏上不斷發展向上的台階，結果採納了不需要、亦不想要的增長模式，引入了別人不要的污染產業，盡情破壞既有的社區文化和生態，甚至出賣原住民生計和尊嚴等。

在這場殘酷的競賽中，若有城市脱穎而出、僥倖變成了天鵝，也不過走到想要但不需要的境地，一嘗大興土木、十里洋場、紙醉金迷的浮華夢。

真正需要的，其實是「灰姑娘」

正如 Tim Jackson 指，我們大部分人真正需要的，盡皆屬於「灰姑娘式」的經濟活動，如城市衞生、食物處理、環境保護、家庭責任、照顧老弱及一切人本的服務。

但從主流經濟學角度看，這些都是欠缺生產力、沒競爭力的活動，不被計算入國內生產總值（GDP）增長——灰頭土面，總是被後母嫌棄；刻勤刻儉，卻總抬不起頭做人。我們寄望有天「灰姑娘」能遇上王子；但與其被動地守株待兔，又能否放遠目光，未雨綢繆？

《聖經》〈馬太福音〉第 25 章有個「聰明童女」的故事，節錄如下：

十個童女拿着燈出去迎接新郎。其中有五個是愚拙的，五個是聰明的。愚拙的拿着燈，卻不預備油；聰明的拿着燈，又預備油在器皿裏⋯⋯半夜有人喊着說：「新郎來了，你們出來迎接他！」那些童女就都起來收拾燈。愚拙的對聰明的說：「請分點油給我們，因為我們的燈要滅了。」聰明的回答說：「恐怕不夠你我用的。不如你們自己到賣油的那裏去買吧。」(註 2)

假如五個聰明的童女居住在今日香港，或許她們才真正明白，什麼是我們需要的城市，什麼是我們想要的未來。

城市模式	需要	不需要
想要	聰明童女城市	天鵝城市
不想要	灰姑娘城市	醜小鴨城市

難題——需要的城市，標準是什麼？

什麼才是我們需要的城市呢？隨着全球城市人口劇增，往往已達到難以負苛的水平，各地都面對這些共同問題，如濫用土地、城市過度擴張、生態環境、傳統社區及文化遭受破壞、房地產投機及泡沫化、貧民窟冒現、基建低效浪費，及市民欠缺參與及表達意見渠道等。上述現象在都市化進程中不斷重現，人類一直未能汲取教訓。

城市絕不可能滿足人人想要的，而是須先解決多數人的需要，並致力減少不同需要間的張力和磨擦。HABITAT III 提出的〈新城市綱領〉，強調尊重公共及私人土地使用，協調不同系統和功能，確保不會「溢出」和不會佔據不必要的空間和過多資源。

以下，嘗試逐項審視 HABITAT III 所列出的清單，看看香港能落實哪一些？

〈新城市綱領〉九大原則，我們的城市需要——

1. 社會共融

城市空間應包容不同年齡及背景的市民，避免出現空間區隔和排斥；

2. 步行及單車友善

居住、工作及其他活動場所應易於通達，毗鄰集體運輸工具、便利步行，並能以單車接駁；

3. 擁有再生能力

應加強使用能源、生態及其他資源的抗逆力，善用有限資源並加強循環再用；

4. 經濟活力和共融

應強調本土經濟發展，包容創業者及大型企業，由政府提供適切政策及配套；

5. 共同身分和地方意識

強調本土文化對人和城市可持續發展的重要，這是激發市民創意的泉源；

6. 安全；

7. 健康；

8. 可負擔和公平；

9. 由市政府來管理。

粗略一看，儘管香港號稱現代化國際都會、亞洲金融中心、一帶一路的門戶，但又能真正達到多少項 HABITAT III 所提出的九大原則？毫無疑問，我們的城市或許是隻漂亮的天鵝，是不少人夢寐以求的城市，但又是否我們真正的需要呢？近年，有人說智慧和科技能改變城市的命運。但在這極度短視、功利和投機的城市中，憑這些東西又可否幫助我們找到想要的未來？

智慧城市背後的神秘規律

近年特區政府大力推廣環保設施，業界致力普及綠色建築標準，力圖將節能減排觀念主流化。自創新及科技局成立後，迅即又將造價達八十億元的高科技大樓提上議程。凡此種種，顯然皆指向一個國際時髦的名詞——智慧城市（smart city）。智慧城市的發展背景，是對應全球暖化和環境可持續性的挑戰。它有良好目的，但這又是我們目前的需要嗎？

美國塔夫斯大學（Tufts University）市區及環境政策及規劃系教授 Julian Agyeman 及獨立研究顧問 Duncan McLaren 的著作 *Sharing Cities: A Case for Truly Smart and Sustainable Cities*（2015），正一語道破。只有市民參與共享的城市，才配稱得上是真正的智慧城市。電腦無疑能即時收集及處理大量數據，並通過中央系統將城市資源統籌及調配，提升有限資源的使用效率及避

新自由主義

自八十年代，英美等西方國家所奉行的極端自由經濟及貿易政策。表面上交由市場決定資源分配，實際上背後隱藏着政府「無形的有形之手」，無遠弗屆，無處不在。

■ George Orwell 剖析獨裁政治和恐怖的極權主義。當中的「老大哥」是暴政的象徵，喜歡強烈個人崇拜。

免浪費；但這畢竟只是對高科技的盲目崇拜，深信高深莫測的電腦編碼和程式是萬應靈丹，卻忽略了一個簡單事實：真正有智慧的並非電腦，而是人腦。

作者們在書中指出，智慧城市只是**新自由主義**（neoliberalism）市場經濟模式的變奏，將資源有效分配的重責，訴諸某種「無形的手」之神秘規律。但其實，未來真正主宰我們生活的，乃是高度中央集權的電腦系統，自上而下地操控城市運作秩序。智慧城市的居民表面上有選擇自由，但未來實際話事的人，卻是如英國作者 George Orwell 的反烏托邦小說《一九八四》（*Nineteen Eighty-Four*）中的「老大哥」（Big Brother）。

社區層面實踐共享，非遙不可及

Duncan McLaren 及 Julian Agyeman 載列眾多城市案例，包括首爾和三藩市等，介紹通過開放、分享城市空間，把有限資源互惠共享。由市民透過自下而上的**共同創造**（co-creation），探索更健康、環保和可持續的生活模式。這種**共享城市**（sharing cities）不但關注如何善用硬件，更關注公平、民主及有尊嚴地善用資源。

共享城市

城市通過互惠共享原則，讓市民公平開放地享用公共空間及各種資源。

共同創造

消費者和生產者打破僵化分工，消費者可直接參與產品設計、開發和生產過程。

■作者警示，指高度中央集權的電腦系統在未來會主宰人類生活。

自 2012 年朴元淳成為南韓首爾市長後，旋即宣佈首爾成為全球首個共享城市。[註3] 我們很難寄望香港能出現具如此願景的特首，但在民間和社區層面實踐共享，卻非遙不可及。如何令城市變得可持續共享？如何令它從技術至上的智慧城市，變成以人為本（human-oriented business）的共享城市？如何令它從想要的城市，變成我們真正需要的城市？

公民社會

圍繞共同利益、目標和價值的非強制性集體行為。它處於公與私領域之間，既不屬政府，也不屬私營，包括為公眾利益而行動的組織，如慈善團體、社區組織、專業協會及工會等。

毫無疑問，決策者的角色是舉足輕重的，尤其在土地用途的合理分配和總體資源可持續管理上，完全無人能取代市政府的職能。但毋庸諱言，**公民社會**（civil society）亦應同樣負很大責任，尤其在消費主義氾濫的城市，每個消費者都責無旁貸，不能把問題推給別人。

正如 Tim Jackson 所指，消費主義除了有政治經濟根源，亦必然有社會文化根源。每名消費者都是獨立個體，每刻都會作無數消費選擇，這些選擇的總和，足以決定香港是我們想要的城市，或是需要的城市。

政府不斷催谷我們消費，企業又不斷引誘我們消費，這些制度上的誘因，無疑主導了城市發展的趨勢。順應潮流肯定是最保險的生活模式；但若要逆流而上，又或試圖把想要的城市轉化成需要的城市，實有賴眾多持份者同步配合。可是，這並非一少撮人，堅持以另類生活方式過活便能達成，個別消費者更難做到。[註4] 然而，若一日無法超越想要的城市之困局，一日也不要奢望能找到想要的未來。

合作社在亞洲不罕見，唯 iCOOP 別樹一幟

筆者於 2013 年 11 月，曾先後參加兩個首爾交流團，參觀了一系列關於共享城市的項目，其中以 iCOOP（韓國消費合作社聯會）的個案最廣受注目，[註5] 似乎可借助它的經驗為香港打破困局，尋找想要的未來。

本書主要透過 iCOOP 的例子，說明「需要的城市，想要的未來」之嶄新想像，之後的篇章會從不同角度深入介紹和討論。它是韓國人建立的全國**合作社**（co-operative）聯盟，建基於合作社尊重個人和勞工、確保食物安全，及保護農業與環境三大原則，透過生產者和消費者共同管理，提倡**良心消費**（ethical consumption）。

合作社
通過民主參與方式，讓成員得到充權和實踐經濟自主的自治組織。在香港，它受香港法例第三十三章《合作社條例》管轄。

良心消費
主張消費者使用購買的集體力量，促進社會、經濟及生態永續發展。

類似 iCOOP 的合作社在亞洲其實並不罕見，日本有生活俱樂部，台灣有港人熟悉的主婦聯盟。[註6] 但 iCOOP 別樹一幟之處，在於業務遍及生產、銷售和消費各個環節，全面地覆蓋；與此同時，聯盟網絡內的成員合作社又負責不同職能，有極大彈性和自由度，以民主決策，彼此獨立營運。

■韓國 iCOOP 其中一年的年報主題為「良心消費的美麗實踐」。

iCOOP 成功將消費者和生產者對接，有效避免中介人追求盈利至上和剝削，同時又避免了主流市場的盲目消費模式，令消費更切合需要，讓消費者不再依賴政府、企業和經濟學家所打造的「想要」。

良心消費匯聚正面社會力量

iCOOP 是韓國最大型的合作社，於 1997 年創立，擁有一百八十間品牌商店和近千個生產單位，業務散佈全國，深入各階層，匯聚成一股驚人的集體力量。

良心消費文化，植根在這二十四萬社員的日常生活之中。當消費者洞悉當中意義，他們的關懷亦會從自身和家人，延伸遍及社會上所有人的權益。良心消費既能滿足我們的需要，亦匯聚成正面的社會力量，有助打造我們需要的城市。

此外，iCOOP 另一個亮點是籌辦大量教育課程，提高成員實務操作能力。2012 年，參與 iCOOP 教育課程的總人數高達七萬六千人。一方面，透過循序漸進的課程，協助剛加入的成員學習成長，成為未來合作社的經營者；另一方面，亦致力幫助現有成員改善領導管理能力，讓合作社能獨立暢順地運作。而各成員在自己旗下的合作社，亦會提高社員對政治、經濟和社會的意識，培育客人作好公民、多參與社會事務。

iCOOP 強調教育、讓成員合作社和社員明白市民的需要、實踐良心消費，這些都為共創想要的未來締造了有利條件。

公民社會當自強，不再任人擺佈

雖然，良心消費能解決城市的不少問題，但卻非萬應靈丹，關鍵是轉化背後的制度和社會結構。若打好了公民社會的根基，日後便有穩固的基礎進行轉化，能擺脫「金權派」為我們所打造之「想要」的城市。要是不想再任人擺佈，公民社會必先自強起來。(註7)

紐約市立大學（City University of New York, CUNY）研究院人類學和地理學特聘教授、馬克思主義地理學家 David Harvey（大衛．哈維）指：

> 自遠古以來，城市累積了過剩的食物和勞動力。這些累積通常從某處和某些人身上（往往是佃農或奴隸）擄取得來，並只掌握在少數人手上（例如宗教或軍事領袖）。由此，城市發展同步孕育了階級社會……到了資本主義社會，累積過剩變成了被持續追求的目標，而這也意味着，它為城市化不斷創造條件，而城市則成為吸納過剩累積的海綿體。(註8)

David Harvey 指這是種「創造性破壞」（creative destruction）進程，為地球廣泛環境和社羣帶來深深烙印。若不想如此下去，便要求變。

我們居住在「天鵝城市」的香港，毋須為物質生活煩惱，漁農工業產品從四方八面輸入，成就了大都會的繁華／浮華景象——但這就是我們真正需要的城市嗎？大家安於現狀嗎？何時才能停止破壞，成為「聰明童女城市」，打造我們想要的未來？

註

1. 以上討論參照姚松炎於 2015 年 7 月，透過「土地小學」發表的〈新界東北與房屋政策之辯〉報告文件。
2. 經文節錄自《聖經》〈馬太福音〉25 章 1 至 4；6 至 9 節。耶穌以「十個童女」的比喻鼓勵信徒要忠心，要學效聰明的童女儆醒等候祂再來，並作好準備。
3. 詳見鄒崇銘、黃英琦、阮耀啟主編（2014），《共享城市：從社會企業、公平貿易、良心消費到共享經濟（上）》。香港：印象文字。下簡稱《共享城市》。
4. 詳見第三章。
5. 池衍昌：〈iCOOP KOREA：會員十七萬的合作社聯盟〉，載於《共享城市》。
6. 賴青松（2002），《從廚房看天下：日本女性「生活者運動」三十年傳奇》。台北：遠流出版。另外，可參考主婦聯盟生活消費合作社（2015），《菜籃子革命：從共同購買到合作找幸福》。台北：廣場出版。
7. 參閱鄒崇銘（2016），〈魚蛋革命：告別公民社會之後〉，載於《重構香港：從庶民空間到社區更新》。香港：印象文字。下簡稱《重構香港》，此文有很好的相關對照討論。
8. David Harvey（2010）. *The Enigma of Capital: And the Crises of Capitalism*. Oxford: New York University Press, 166-197.

1.2 「講合作」，以新發展模式突破市場困局

／黃慧賢、黃和平

合作社發展模式有望解決社會問題。圖中是以跨平台合作模式成立的天經地義生活館。

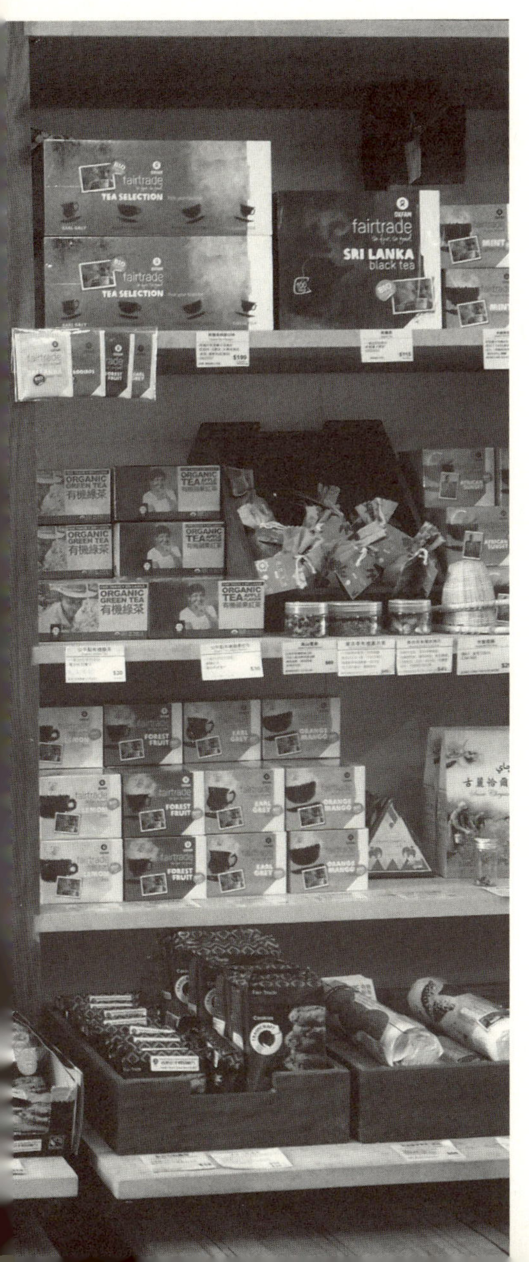

香港多年來奉行所謂「自由經濟」，如果要討論整體社會趨向，「講競爭」肯定比「講合作」更令人有同感。前文提及的韓國合作社經驗，成功帶領市民嘗試離開既有的競爭模式步向合作模式，確實為社會帶來了改變。「想要」的未來，不再是夢。

市場機制（market mechanism）是目前全球主流經濟的重要工具，透過「講競爭」，即競價機制汰弱留強，榨取最大生產力。當它成功介入社會各個層面後，便會出現「市場社會」——即社會純粹以市場機制運作，並按其價值作主導。它的影響力無遠弗屆，甚至可定義、裁決整個社會的任何價值。

這種無形力量潛伏於每個角落，甚至深入人際大小事務之中。如此，競爭便成為決定一切資源分配及人際關係的指導原則。然而，這真的是解決社會問題的萬靈丹？

合作社七大價值原則

- 自願與公開的社員制（voluntary and open membership）；
- 社員的民主管理（democratic member control）；
- 社員的經濟參與（member economic participation）；
- 自治與自立（autonomy and independence）；
- 教育、訓練與資訊（education, training and information）；
- 社間合作（co-operation among co-operatives）；
- 關懷社區（concern for community）。

市場機制難解決社會各領域的問題

舉例說，大型連鎖超市爭取顧客支持；同時，顧客又爭取最方便的服務、最便宜的貨品，結果社區的小店被排擠、售貨員的人工被壓搾。可是，市民的生活質素是否有所提升？是否能買到最便宜的商品？似乎，各方面也未能得到滿足。

很多研究和討論都指出，市場機制難以解決社會各領域的問題，特別是在家庭和道德層面。當香港正步入「市場社會」之際，參考韓國，發展合作社是條出路。可惜，香港目前的合作社發展並不活躍，市民對此了解不深。探討 iCOOP 的營運實務經驗之先，首先要認識合作社的本質。

合作社的三大面向

和市場經濟比較，合作社最明顯的特質，是推動「合作」這核心價值，以此作基礎去回應社會問題。據國際合作社聯盟（International Co-operative Alliance, ICA）所訂下的原則，合作社是一種以信任、合作與共同目標為前提的組織，就社員的參與和發展，以及與社區和環境的關係，提倡互助及互利導向。消費者及員工的關係，亦須以此為基礎。

雖然其價值觀有別於「講競爭」的私營企業，但合作社並非放棄考慮利潤及效率，只是不以此為指導原則，反而把對人、社區及環境的關懷置於首位。

它相比主流經濟模式，有以下三個獨特的面向：

1. 勞動者間的關係

強調自主勞動，社員共同商討和決策社內事務。他們的關係並非刻板的僱用式勞動，而是在共同目標下提供相應產品和服務，以回應消費者需要。

2. 與消費者的關係

給予關懷，提倡以人性化、有益健康及提升快樂（happiness）的方法去滿足消費者需要。

3. 與社區的關係

關懷自然環境和社區網絡發展，在平等、信任和合作的原則下回應社會問題，作可持續發展。

就業新出路——成立職工合作社

香港作為經濟最自由地區之一，現有社會發展模式及各種制度，似乎對勞動者、消費者及社區都未有作出合理回應。近年本港在職貧窮情況嚴重，不少人提出成立職工合作社，發揮合作社精神，讓社區為勞工提供就業出路。若有更多合作社成立，社區便有更多人性化的工作機會。

與普遍市場的受薪職員相比，職工合作社的社員在「出資、勞動、參與」過程中，有截然不同的意義及責任。例如，社員可共同決定工作條件（包括薪金、福利、工作架構、職安健環境等）。社員透過自主決策，一方面可從事自己喜歡的工作，同時也可分享合作社所得的盈餘（按薪金水平或工作時間而發放的回報）。

在基層勞工的層面，這有利可持續性就業。由於減少了分銷費用，資源便真正落在勞動者手中；而在社區層面，財富可更公平地在社員、職工與社區之間分配，並填補目前主流經濟所忽略但重要的社會面向，例如與社區的關係、居民的健康、快樂程度和環境關顧等。職工合作社就着這些面向，提供相應的產品和服務，給予社區更多生產、消費及就業的選擇。

合作社生於社區、服務社區，有利促進多元化社區經濟，保障基層權益，也正正回應了「市場社會」的不足。

新法例讓 iCOOP 社員數目不斷上升

在歐美等地，不少地方的合作社已發展多年，業務極具規模。在亞洲，韓國的合作社發展最迅速，很大程度上是受惠於在 2012 年新修訂的合作社法例（Framework Law on Co-operatives），鼓勵及支援更多人成立合作社，當中最大規模的 iCOOP，其宏觀策略和營運方向很值得參考。

iCOOP 是國際合作社聯盟的成員，一直堅守其原則。在韓國，約有一百一十萬市民是各大小消費合作社的社員，其中二十三萬七千人是屬於 iCOOP 的社員（2015 年），佔整體百分之二十一點五。以下表列，顯示 iCOOP 的社員數目不斷上升，2015 年較 2011 年增加了百分之八十三點二。

年份	2011	2012	2013	2014	2015
社員數目（人）	129,666	155,705	194,856	218,585	237,610
成員合作社數目（間）	75	75	78	80	85

有理念當然好，但必須在業務中實踐才能為社區帶來改變。我們可分析 iCOOP 最近的營運目標和不同範疇的實踐情況。以下，便是其最新的業務策略：

1. 為社員提供價格合理的安全食物；
2. 確保食物生產來源及製作過程，達到對社員、環境訂下的安全標準；
3. 通過控制價格，讓大家可在市場上持續發展；
4. 尊重勞動者。

在實際業務環境中，iCOOP 無可避免要與其他同類型產品競爭，而保持競爭力，才能保障良心生產者有穩定收入，繼續生存下去。由此可見，iCOOP 努力提高質素為生產者提供穩定收入，因而獲得社員信賴，大大增強了品牌的競爭力。

「生產、銷售、教育、實踐」合一精神

iCOOP 相當重視品牌推廣，尤其宣揚其背後的精神——支持「生產、銷售、教育、發展」合一共同發展。其意思是，當社員購買產品時，同時亦支援了生產、教育等發展項目。有社員的信賴，再加上重視推廣和教育，業務便能穩健發展。

此外，iCOOP 並不鼓勵個別合作社獨大，鼓勵擁有較多社員的成員合作社分拆，以免因規模過大而影響管理，損害社員的參與程度和溝通。透過上述綜合、平衡的發展模式，適當地協調各合作社的業務，達至多贏。

近年，iCOOP 也努力推動與政府合作，創造官民合作範例，例如合作成立社會合作社（social co-operatives），以合作社模式發展多類型服務，例如按

摩、動物醫院等，讓業務更多元化，吸引更多志同道合的成員加入合作社行列。這些範例都有效和具規模地回應社會需要。

iCOOP 所高舉的合作原則，就是如此實踐於業務當中，有力地挑戰既有的「講競爭」主流經濟模式。

個人	市場	公營部門
消費者 • 得到合理價格的安全食物 **生產者** • 得到穩定的收入	• 增強品牌競爭能力 • 獲得社員信賴	• 創造合作社與政府的合作範例

在香港應用 iCOOP 模式，須各方推動

iCOOP 的優點是創新和具實踐能力，在個人、市場及公營部門領域均可穩定地發展。在香港，要成立一所中、小企並不容易；若要成立既站得住腳，又具發展潛力的合作社業務，便需要有更多人推動。

近年有不少本港團體表示，目前的合作社法例已不合時宜（詳見之後的【附錄一】），需要再趨完善、更合時宜，合作社才有發展基礎。在加拿大，各省政府成立專責機構推出不同政策支持合作社發展。在 2006 至 2012 年間，大西洋省份的專責機構 Atlantic Canada Opportunities Agency（ACOA），便支持了九十九個合作社計劃，共投入了一千五百萬加元（約一億二千萬港元）；而安大略省的財政部門，亦向有差派僱員往大學進修合作社課程的公司，提供稅務優惠。

自從新修訂的合作社法例於 2012 年生效後，韓國合作社的業務成功從農業，拓展到所有領域。結果證實，此舉有助合作社有更多元化發展，促使更多「共好」的業務方案誕生。

但在香港這邊廂，社會仍然充滿惡性競爭，甚至逐漸蛻變成「市場社會」。故此，我們要儘快展開討論落實合作社的發展方向，並鼓勵市民加入合作社，或參與合作社的業務。這可能是繼「撐小店」、「撐社企」以外，未來一個重要社會趨向。

千里之行始於足下，iCOOP 的傳奇也是由社員及成員合作社的熱情、積極參與而起。

作者簡介

黃慧賢為社聯政策研究及倡議主任。

黃和平為社聯社會保障及就業總主任。

【附錄】合作社在香港的現況

／黃慧賢、黃和平

香港早期的合作社發展集中在漁農行業，而非生產行業，及後大部分是建屋合作社。1952 年，港英政府推出公務員建屋合作社計劃，在公務員面對住屋需求殷切的年代，合作社作出過重要貢獻。

現時，香港的合作社仍以漁農業為大多數，以漁農合作社的附例規管註冊，合作社屬於漁護署的監管範圍，並限制社員至少要有十人，並不如韓國在 2012 年後有獨立的合作社法規體制，並容許五個人便可註冊。

香港的漁護署這樣介紹，合作社是社會人士自願組織而成的自治團體，在共同擁有及民主管理的原則下營運，以滿足社員間的共同經濟、社會和文化上的需求。同時，合作社擁有獨特的法人身分，屬於以公司形式註冊以外，另一種進行商業活動的法人團體。另外，合作社以自助互助的精神，集合人力資源向社員提供服務及支援。註冊的合作社須依照《合作社條例》的規定，及合作社的七項基本原則營運：

1. 自願組合，社籍公開；
2. 一人一票，民主管理；
3. 獨立運作，高度自治；
4. 協助推動經濟活動；
5. 提倡公民教育，廣用資訊科技；
6. 進行合作社之間的相互經濟合作；
7. 關注社會及生態環境。

近年，香港亦有不少非生產類的職工合作社出現，例如校園小食店、環保清潔隊等（雖然，有些以合作社理念營運的組織出現，但並非按上述《合作社條例》[註1]登記）。至 2015 年 3 月 31 日，本港合共有一百八十六間合作社，社員數目有一萬零九百三十三人。

<table>
<tr><th colspan="2">種類</th><th>合作社數目</th><th>社員數目</th></tr>
<tr><td colspan="2">漁農業</td><td>115</td><td>7,164</td></tr>
<tr><td rowspan="4">非生產類</td><td>職工</td><td>9</td><td>93</td></tr>
<tr><td>消費</td><td>7</td><td>2,428</td></tr>
<tr><td>建屋</td><td>54</td><td>974</td></tr>
<tr><td>節約貸款</td><td>1</td><td>274</td></tr>
<tr><td colspan="2">合共</td><td>186</td><td>10,933</td></tr>
</table>

■ 截至 2015 年 3 月 31 日註冊合作社及社員的數目。

註

1 《合作社條例》訂明了包括註冊條件、註冊申請、社員登記冊、合作社簿冊記項的證明、社員的表決權、持有大量股份的限制、股份或權益轉讓的限制、資金的投資、利潤的處置等。

1.3 iCOOP 傳奇，共享力量崛起

／陳鳳儀

接待我們的李珠姬女士（右）說，法例修訂後合作社發展如雨後春筍。

天經地義生活館

位於九龍太子道西二百零四號二樓，透過舉辦多元化探訪社區活動和接觸生產者，加強與社區和消費者溝通，改善人濟關係。（另見本書第二章）

2013 年 11 月我和同事到首爾出席當地市政府主辦的首屆世界社會經濟論壇。論壇上，看到不同城市正積極推動地方多元經濟項目，深深感受到大家所討論的主題及願景，就是人類的共通語言。這個地方提供跨地域的連結空間，是滋養社經發展的聖地。

五人可註冊以合作社進行經濟活動

第一次到當地社區探訪 iCOOP 的自然夢想咖啡店（Natural Dream Cafe），在濃濃香氣及柔和燈光下，聽接待我們的李珠姬女士介紹合作社法例在 2012 年修訂後的情況。在新修訂法例下，五個人可註冊以合作社方式進行經濟活動（遠比香港十人以上的要求少）。自此，大小規模的合作組織如雨後春筍，紛紛成立。

離開之際，得知另一個 iCOOP 大型發展計劃即將在求禮郡（Gurye）山谷落成。李珠姬女士歡迎我們日後到訪，而她手中的烏托邦地貌圖，至今仍在我腦海中歷久常新。夢想結合實踐，加上無比意志，力量必然強大。

另外，首爾於 2016 年亦舉行了社會工作、教育及社會發展國際研討會，探討什麼是快樂的生活，如何促進人的尊嚴與價值、消弭不同地域的生活水平高低差別等。這些問題確需共同思考及認真回應。在會上，我介紹了香港社區團體以創新模式發展的**天經地義生活館**。這是本港在地實踐的方案，也分享了在推動發展過程中，既有機遇亦有挑戰的經歷（詳見第二章 2.2）。[註 1]

之後我們走訪由 iCOOP 建立，於 2014 年在求禮郡開幕的自然夢想園區（Natural Dream Park）。園區的概念，源自當地歷史悠久的合作經濟原型。

■ 自然夢想園區地圖。

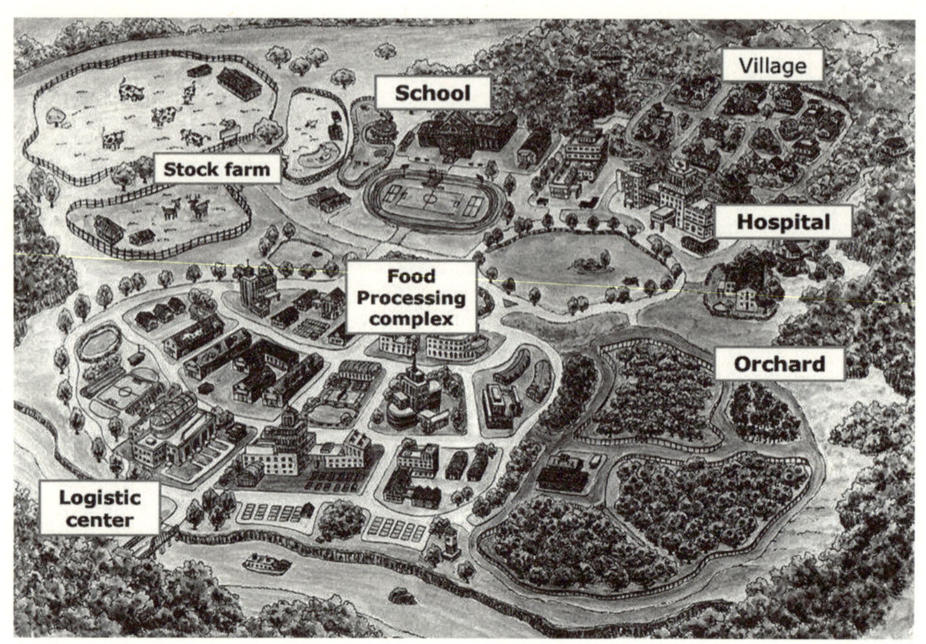

禮失求諸野，尋找民間智慧美善

求禮郡人口不多，只有約二萬七千人。求禮之名，正合乎孔子所言：「禮失求諸野」，意即上層社會禮崩樂壞，傳統禮俗文化丟失之時，便得轉身求道，尋找民間鄉里仍存有豐富美善道德的源流，再把守禮中的敬誠、謙遜，具體落實在日常生活中。

韓國合作社意識的本土根源，可追溯至李氏朝鮮王朝（1392-1910）。當時鄉村自助及自我管理系統發展蓬勃，稱為「鄉約」組織。當地儒家文化，推崇鄉鎮社會互助合作的睦鄰關係，因而居民獲得不錯的物質條件和社會福利。這種傳統的社羣精神，源於當地古代小額貸款的互助方式，及鄉村在農忙時互助幫工的習俗。

在個人主義、都市化、商品化的趨勢下，這種羣體互助互利的傳統不斷被衝擊：公營與私營部門逐漸失去仁義愛的規範，把利益、權勢凌駕於人的價

■ 求禮郡位於韓國半島西南方，臨近首爾等主要城市。它是南韓全羅南道東北部一個郡，面積約有四百多平方公里，以農業和旅遊為支柱產業。

值；在權者沒反思己過，令社會發展脱序，失去方向；全球化經濟競爭激烈，新自由主義模式橫空而出，提倡緊縮福利、放鬆規管市場，基層民眾及勞工階級備受欺壓。

在這氛圍下，合作社的團結方案能提供具鼓勵性的參考嗎？時任聯合國秘書長潘基文，於 2016 年敦促各地政府創造有利環境，讓合作社蓬勃增長，實現可持續發展指標，創造一個機會均等、且富尊嚴的世界。國際勞工組織於 2011 年亦強調「體面勞動」（decent work），以保護勞動者權利，目標是逆轉全球化經濟的排斥過程，並提倡：

1. 在工作中參與及表達意見，申述權利，獲得尊重；
2. 透過工作脱貧，前提是有效促進投資、創業、工作機會、可持續的生計；
3. 提供社會保障，包括醫療及退休保障；
4. 促進社會對話，政府、員工及僱員共同疏解重要的經濟及社會議題，鼓勵善治，建立良好的勞務關係，推使經濟及社會進步。

高度競爭，易演化恐懼與敵視

出席論壇活動後的傍晚時分，筆者行經江南商業區。前台的員工已歸家，但背幕的金融經濟運作並沒休止。路上那優雅而龐大的金屬雕塑吸引人駐足細看，黃昏的日光投射在支架上的巨型玫瑰，美麗與科技結合，成就了這個繁榮國度。

2016 年 5 月，首爾最富裕的江南區有一名二十三歲女子，於凌晨被陌生男子以刀傷害致死。有分析指，一些孤獨疏離的人把傷痕和害怕轉化成憤恨，讓暴力種子埋藏於心，成為傷害市民的利器。慘劇後市政廳化身臨時悼念場，市民紛紛在會場公告版寫上消除暴力、不要仇視女性的字句。帶着傷痕的白菊花祭品，襯托着這些字句。

受訪職員指社會強調高度競爭，貧富懸殊、身分地位懸殊的壓力，容易演化成恐懼與敵視他人的心態。他一針見血地指出，高度競爭就是暴力源頭。

市民內在的暴力，也包括貶低自我價值，導致精神健康、身心嚴重失衡。南韓是亞洲第四大經濟體。按 2012 年經濟合作及發展組織（Organization for Economic Co-operation and Development, OECD）的數據，南韓每十萬人便有二十九點一人自殺。據韓國的統計（2014），在十至三十九歲的組羣中，主要的死亡原因是自殺。

在爭取競爭優勢的大環境下，學業與職場壓力巨大，敲響了警號。2015 年，經濟合作及發展組織的雙年報告《生活好嗎 ?》顯示，韓國國民的健康狀態、工作與生活平衡及主觀評價生活質素，均處偏低水平。

■*The Economics of Happiness* 有系統地剖析經濟全球化的負面影響。

復興鄰里互助傳統預防暴力

如何可有效防止暴力問題出現？上述的暴力事件，是具啟發性的社區個案。事後，京畿道中西部的高陽市設立了公共安全義工組，由一班母親和警局部門合作巡區及張貼海報，下定決心保護孩子免受學校欺凌、性侵害和家暴。

另外，有十五位來自日本、菲律賓、越南及柬埔寨的婦女，以外籍母親身分到警署作翻譯工作，協助鄰里接收訊息，並參與巡邏及宣傳滅罪。其他工作，還包括有探訪傷殘人士、孤兒院和困難戶，希望打破大眾對移民家庭的標籤，並協助社區組織與地方部門結成夥伴，合作解決社會問題。這樣，市民的生活才能確保安全及免於恐懼。

這是居民與部門之間結連互助的成果，亦證明了沒被計算在國民生產總值的無酬活動，也是一股守護社會的力量。不論是本地人還是外來者，彼此都認真看待人的價值與尊嚴。投入復興鄰里互助的傳統，可有效預防和遏制暴力。當中，亦看見女性發揮了精彩的公民力量。

快樂經濟學，看經濟全球化負面影響

什麼是快樂？環球運動活動家 Helena Norberg-Hodge 等製作的《快樂經濟學》（*The Economics of Happiness*, 2011）紀錄片，深入並有系統地剖析經濟全球化對生態環境、生活與勞動價值、自我身分的負面影響，並透過印度拉達克（Ladakh）的發展過程思考貧窮問題。她指出，十年前外地人問：「這裏有破屋子嗎？」當地孩子說：「沒有。」但十年後經歷過對外開放貿易，當地人反而自覺有更多不足，更需要外界援助。

■ 園內的 Natural Dream Cinema。

其實，偏遠地區的人民能享受在地的富足嗎？上述 iCOOP 在求禮郡的行動，正好說明以集體力量友善開發鄉鎮人力資源，既有需要亦可切實行，能提供就業機會吸引青年留鄉，甚至回鄉發展。

當初，政府曾計劃在這山谷發展工業邨，經過協調商議後，由 iCOOP 引入綜合式食物生產、加工、休閒、教育旅遊等集羣中心模式，讓居民自建廠房，用當地出產的小麥製造拉麪、餃子等健康的銷售食品。

2015 年，合共有四百六十四名員工參與這計劃，創造了三百八十個工作崗位給求禮郡的居民。韓國法定最低工資時薪是六千四百韓元（約四十三港元），這裏是七千韓元（約四十七港元）。員工可獲醫療服務，並享用健康的免費午餐。飯堂的磨沙玻璃寫上合作社的七大價值原則，以不同字體寫成，活潑通透。

晚上，員工可在園內的戲院看免費電影，播放的是市區剛上畫的新片，是青年人的消閒好去處。據知園區將延續傳統，再度在暑期邀請首爾著名青年樂隊到來演出，四千人再次鬧哄哄地在大草坪欣賞樂與怒戶外音樂會。美好的工作環境，讓員工感到無比快樂。

除給予金錢回報外，亦幫助員工持續學習、發展才能及連結更多夥伴。此外，又在當地的學校設立獎學金，支援青年參加人文教育及樂團項目；又鼓勵準備就業的青年裝備，如學習生產及加工技術、團隊協作、信任溝通、品質管理等，協助他們融入動態的工作環境。

園區把工作與休閒、教育、文化結合，顯現了「體面勞動」的多重面向。在資本市場被剝削、被淘汰的森林定律下，通過重建上述生產系統及社會關係，重新確認勞動者的價值與尊嚴。日後，當地十一個廠房將有三百六十九個生產項目上馬，包括導賞、工作坊、住宿和銷售服務等。

成立合作社學院，出版書籍及報告

iCOOP 活躍的社員有近三千位；每間合作社平均有八名董事，透過民主協商過程給予指導。社員的學習進程由會員考試開始，讓參加者先了解參與合作社的意義及建立擁有權的意識。之後，又有不同的進階課程，例如社員可修讀關於合作社的工商管理碩士。2006 年 iCOOP 成立了合作社學院，負責出版書籍及研究報告，並與大學研究院合作培養新一代人才，範圍包括管理學、社會創新企業、環球社會經濟研究等學科。

我們探訪位於全羅北道南原市時，獲得「唯一」(The Only 合作社品牌）女店長熱情款待。她要照顧家庭，又要兼顧管理社區中心，包括咖啡廳、大禮堂、民宿、興趣學習班等。店子周圍是整齊的公屋組羣，很多一家老少都來參加活動。

女店長笑着説，每天忙得不可開交，儼然是位能幹有魄力的領導。她在學時曾學習漢語，當我們送上由香港社會經濟聯盟印刷的《香港社會經濟地圖》時，她指着「公義」二字響亮地喊出正確讀音，大家聽後都很興奮，感覺彼此的關係超越了地區隔閡。

官方承認 iCOOP 的社會貢獻

韓國合作社經濟系統以學習型社區模式發展，青年人及婦女積極參與，惠及社羣。禮堂內的海報欄張貼了書單，職員每年會選擇當中十本好書撰寫閱讀報告。

合作社又是資源庫，包含人本知識，以及社員、僱員、生產者和企業的各種資源；同時它亦倡導善治，於合作社修訂後敦促政府檢視相關資助政策，幫助上萬個新增的合作社。iCOOP 合作社發展中心及工會、韓國社會經濟種子基金、首爾投資基金等，均協助新的合作社渡過財政困難，包括透過社員月費收入、積極社員捐款以及僱員、生產者、企業等各方面，共籌得五百多萬港元。

2015 年，政府承諾把檢視合作社資助政策的議題，放在第二個合作社規劃大綱之中，並承認 iCOOP 的社會貢獻。

香港達堅尼系數警界線

反觀香港這邊廂，貧窮問題卻愈來愈棘手。

香港連續二十二年被美國傳統基金會，評為全球最自由的經濟體。2012 年，成為全球化經濟體系的示範模式的同時，卻在反映家庭收入貧富懸殊及社會不平等的堅尼系數（Gini Coefficient）上，踏進零點五三七的警界線。

社會經濟

又稱社區經濟或團結式經濟，是一種能建立社會力量（social power）的經濟模式，重視經濟活動背後的社羣關係，提倡互助合作，重新把資源分配、生產和再生產，流通和勞動成果的決定權交回勞動人民身上。

政府於 2011 年推出最低工資保障，2013 年設立貧窮線，確認城市仍存在過百萬窮人，十五萬在職人士仍然面對外判制及零散化的就業風險。

政府的外判項目，包括清潔工、保安員等，支出由 2004 年的二十六億增至十年後的近七十二億元，在強調減低開支、增加生產，卻又缺乏技能培訓的情況下，勞工的真正福祉備受忽視。政府的角色仍是進行「修補性」的福利資源再分配，以補貼基層人士的基本生活所需。

九十年代，社會廣泛關注貧窮議題，當時「綜援養懶人」的官方及社會論述十分流行，製造了民眾恐慌及社會排斥。知識型社會汰弱留強，需要獲取社會保障的新移民、單親家庭和失業人士被歧視、被標籤。

民間團體由下而上組織反貧窮運動

有見及此，民間團體以批判壓迫及重建社區的角度，組織反貧窮運動，如成立關注綜援檢討聯席，以聯盟方式組織行動網絡，批評削減綜援開支，並以遊行、請願、街頭劇、出版等形式，倡導關注被遮蔽的不公平實況。

勞工、婦女、福利界紛紛探討出路。九十年代，工友身處去工業化的經濟轉型浪潮，面對生計受威脅，有強烈的動機去突破困境。當時，勞資關係協進會推動勞工及成人教育活動，成立了中文打字排版工作室，這是首個女工合作社的原型；此外，又發展社區二手店，並關注新移民婦女和貧窮長者。在這段時期，**社會經濟**開始萌芽。

至千禧年後，出現新一波婦女及街坊合作運動，這是社會經濟走向多樣性的開創期。2001 年，香港婦女勞工協會在一個大學校園，建立了首間女工合作社，探討工人經濟自主的可能，並培養大學生關懷基層的社會意識。另外，聖雅各福群會的社區經濟互助計劃，亦開展社區貨幣實驗，以墟市、綠色小店互通的營運方式，建立跨階層的社區網絡。

社區經濟是條可行的出路

2000 年，社會福利資助模式出現重大改變，政府推行一筆過撥款方式、服務質素標準化等指標，加強管理及問責。雖增加了限制，但社工們仍不懈地推動具前瞻性的社區計劃。

例如，仁愛堂「民間智慧學習圈」的同工協助婦女充權，成立綠慧公社發展綠色企業，進一步倡議地區環保政策。鄰舍輔導會以單親中心為服務基礎，建立「互惠人才市場」，支援二百多名婦女提供陪診、剪髮、起居照顧等社區服務，讓基層藉委身關顧工作以獲取生活補貼。

縱使規模不算大、參考範例不太多，大量社區經濟活動項目陸續起步，不斷進行實驗並累積經驗。按 2005 年社會服務聯會的研究報告指，2000 年後有九間社福機構，及三個勞工、婦女團體發展社區經濟，展開了多元化的計劃，如：陪月、陪診、托兒、剪髮、速印打字、環保清潔、回收膠樽、食物收集、有機農場、創意手工藝、時分券系統（可換取產品及服務）、小賣店、社區二手店、地區文化旅遊、青年及婦女合作社創業培訓等。

當中的資金來源，包括樂施會、社會福利署深入就業援助基金、社區投資共享基金、環境及自然保育基金、香港世界宣明會，以及蘋果日報慈善基金等。

這些年來，不同的非政府組織嘗試動員各方資源，試驗新的經濟方案，一同振臂高呼說：社區經濟是條可行的出路。

已撒下希望的種籽

2012 年，香港社會經濟聯盟（簡稱「社經盟」，成員包括有香港公平貿易動力、香港婦女勞工協會、鄰舍輔導會互惠人才市場、聖雅各福群會社區經濟及社會企業、四合院民間組織及互助平台、社區發展動力培育、香港理工大學社會經濟研究計劃等），推出〈香港社會經濟政策綱領〉，包含了一系列促進社經活動的革新建議，包括設立中央統籌架構及發展基金、修訂合作社法例、提供營運空間／租金津貼、推動公共採購（團體的產品及服務）等，並走訪多個政黨去游説議員支持。

2016 年立法會選舉期間，社區發展陣線舉辦社福功能組別選舉論壇，當時有候選人手持「支票」，承諾會落實墟市政策、公營街市及社區生產。社經盟也同步舉辦論壇，推動「結合社羣，回饋社會」的多元經濟活動，一同向出席的四位超級區議會候選人倡議願景，包括推動社會經濟主流化，由邊緣移入政策系統、推動全方位管理、革新發牌制度、檢討資助機制、法例和空間資源運用等。

筆者執筆時，2016 年立法會選舉剛好完結，過後正是探索未來的關鍵時刻。公民社會需要為基層探尋解困之道，其中一個切入點，是參考和運用本土與環球的社會經濟運動（包括合作社及多元互惠互利經濟組織，如 iCOOP 等）的資源和理念，來設計社區項目。這既可培養「經濟公民」新羣體，也可創造富地區特色的工作職位。

外在條件方面，可思考融入更廣泛的社會脈絡，引發更多人關注及參與，在政策討論中走出邊緣命運；而內在條件方面，可加強培訓，鼓勵不同團體自製社經「行動地圖」，貫通不同單位的力量，有機地整合並擴大項目規模。

共同體或對話圈的漸次形成

就機構管理、督導與前線創新，可嘗試突破不同崗位的界線及差別，合力做好地區利民的創收項目。市民的協力是最重要，這就是共同體（commons）或對話圈（dialogue circles）的漸次形成。

我們要以適度的步速前進。縱然環境阻力巨大，只要有目標、保持熱情地實幹下去，社會自然能蛻變。如韓國 iCOOP 經過多年發展，便見證了努力蛻變的成果。所有羣體合作的故事，都是辛勤的灌溉。在香港，希望的種籽已下，花開總有時。

註

1. 詳見第二章。
2. 詳見鄒崇銘（2015），《流動、掠奪與抗爭：大衛．哈維對資本主義的地理批判》。台北：南方家園出版社。

作者簡介

陳鳳儀為香港理工大學應用社科系講師。

參考資料

J.K. Gibson-Graham, Jenny Cameron & Stephen Healy（2013）. *Take Back the Economy: An Ethical Guide for Transforming Our Communities.* Minneapolis, MN: University of Minnesota Press.

Hongjoo Jung & Hans Jürgen Rösner（2012）. 'Co-operative movements in the Republic of Korea.' in *The Co-operative Business Movement, 1950 to the Present*, edited by Patrizia Battilani & Harm G. Schröter. Cambridge: Cambridge University Press, 83-106.

iCOOP KOREA（2015）Annual Report.

Ngai Pun & Others（eds.）（2015）. *Social Economy in China and the World*. Abingdon: Routledge.

Yoon Min-sik（2015）. 'South Korea still has top OECD suicide rate.' in *The Korea Herald*. See http://www.koreaherald.com/view.php?ud=20150830000310.

李潤茵（2016），〈社區經濟遍地開花〉於《信報財經月刊》第 470 期，頁 45-59。

陳鳳儀、鄒崇銘、梁志遠、林浩欣（2016），《社區經濟與閒置空間：旺角天經地義生活館與粉嶺聯和墟市》研究報告。香港：香港理工大學應用社會科學系。

陳鳳儀（2016），〈夢想園區壯大合作社〉於《信報》，2016 年 9 月 10 日。

1.4 iCOOP成功經驗問與答

／池衍昌

由iCOOP出產的有機拉麪很受歡迎。

香港人喜愛即食麪，但有否想過它也可以是健康有機，並能促進生產和消費者互惠合作，推動本土農業和本土經濟的好東西？這種事當然未曾在香港發生，而是在韓國。

韓國全國各地都可買到一款以當地有機小麥為原料，由本土有機農戶種植，經合作社開發、加工和驗證的拉麪，它於過百間以合作社模式營運的零售店——自然夢想店（Natural Dream Store）獨家出售。這款有機拉麪，正好見證韓國 iCOOP 多年來推動合作社運動的成功。

操作以人為本，非商業操作

本文不是介紹拉麪，而是旨在歸納 iCOOP 一些成功經驗。在此，先補充一些 iCOOP 的歷史。其前身，是韓國個別地區的小型消費者合作社。聯盟於 1997 年成立時，僅由六個成員合作社所組成，人數只有六百六十三人，強調運作以人為本（human-oriented business），有別於主流市場以資本為本的商業操作（capital-oriented business）。

時至今天，iCOOP 已打造出先前篇章曾提及，集合生產、銷售和消費的全國聯盟網絡（詳見第一章 1.1），當中設有由社員營運管理的農場、食品加工場、物流分銷中心、食物檢測認證中心、網上商店、零售商店和餐廳。

其業務，技術上可分為消費和生產兩大部分：前者由全國七十五個成員合作社投資和營運；後者由 iCOOP 生產者組織聯盟（iCOOP Association of Producer Groups）領導。兩大部分由 iCOOP 精心安排對接。

至 2012 年的統計，聯盟所連結的生產者接近三千個。而之前提到的自然

■ iCOOP 生產、銷售網絡發展成熟，圖為描繪店子的藝術創作。

夢想店，門市亦超過一百三十間，在 2011 年營業額高達三千四百五十億韓元，可見其營運規模相當龐大。

以下是有關 iCOOP 營運經驗的問與答。

1. iCOOP 如何融資和管理？

iCOOP 有不同業務，大部分由成員合作社和社員自行融資，並以民主參與、共同決策方式營運。例如，自然夢想店由各地社員以集體融資方式籌集資金，由有份投資的社員組成理事會及委員會獨立營運，同時又與各地零售商店組成聯盟。

iCOOP 旗下自家品牌——自然夢想（Natural Dream）的產品，由選擇產品類型和研發都由社員參與協商。本文之前提及的受歡迎有機拉麵，就是由社員融資設立的拉麵加工工場研發和生產。

2. 如何建立消費者、生產者互信？

iCOOP 自行開發了一套食品驗證系統，並設立食品驗證中心，以建立消費者與生產者的互信。食品驗證系統可讓消費者在網上翻查生產者資料、農產品生產及分銷過程等資訊。食品驗證中心定期抽查近千個生產單位，及超過五百種已獲驗證的食品。嚴格有效的食品驗證工作，大大促進消費者和生產者對 iCOOP 品牌的信心。

3. 如何向生產者、消費者提供有效保障？

為了向生產者和消費者提供有效保障，iCOOP 設立了一系列基金，包括價格穩定基金、本地農作物預購基金，及公平貿易基金。

價格穩定基金的資金，來自社員每月所繳交的會費及生產者部分利潤。當農產品價格上升時，便運用這筆十九億韓元的基金，去調控一百二十款日常食品價格，為消費者提供合理價格，同時讓生產者得到穩定收入。

而本地農作物預購基金，旨在透過社員提前支付費用，為生產者提供耕作和購買資金，以確保穩定生產。基金在社員的支持下，自 2010 年設立初期便大幅增長三倍。至 2012 年，基金總值約有一百一十七億韓元。

公平貿易基金則是抽取 iCOOP 五款公平貿易產品的零售收益，用於支持海外的公平貿易生產者。至 2012 年，公平貿易產品的營業額為 2008 年的五倍之多，基金的增長部分被用作支持 iCOOP 在菲律賓直接投資的製糖廠，讓當地生產者受惠。

4. iCOOP 的核心業務是什麼？

iCOOP 的核心業務是營銷農產品和加工食品，近年致力開發自身產品，加強社員對聯盟的信心，同時提供就業機會、推動本土經濟。韓國於 2012 年零售市場增長放緩，但在經濟倒退期間，iCOOP 的社員人數卻錄得百分之二十點三增長。

iCOOP 分別於求禮郡和槐山郡（Goesan）的農村，建造了兩個大型生態友善有機食品加工中心（eco-friendly organic food cluster），分別位於之前曾提及的求禮郡，以及槐山郡的自然夢想園區。前者佔地十五萬平方米，設置了二十間食品加工公司；後者佔地六十三萬平方米，設置四十間食品加工公司。兩大加工中心皆配備加工工場、物流中心、品質控制中心、綜合管理中心，部分項目已於 2014 年陸續投入運作。

5. 自然夢想店出售的拉麪銷情如何？

這款獨家出售的拉麪，其加工工場位於求禮郡自然夢想園區，自 2012 年 6 月起投入生產，現時共推出七款以韓國本土小麥製作的拉麪，當中一款是有機小麥拉麪。拉麪所使用的人工添加劑，比市面其他拉麪少三成，但售價卻便宜兩成，故此深受社員歡迎，2012 年銷量近三十萬包。

另外，於有機食品加工中心附近，正籌建名為 iCOOP Valley 的生態村，內設果園、養殖場、香草種植園、野生花卉種植園、學校、醫院和生態市鎮。iCOOP Valley 將成為大型的生產基地，協助 iCOOP 達成 2016 年增至三十五萬社員和七千億韓元營業額的目標（截稿前仍未有正式統計結果）。

6. 如何建立共同發展的有利條件？

如前文所述，iCOOP 向成員合作社、理事會成員、合作社職員和生產者等，籌辦不同教育課程，以提高社員意識和實務操作能力，推動共同發展。透過舉辦教育和文化活動，為社會建立更好的合作社生態（詳見第一章 1.1）。

結語

iCOOP 多年的合作社運動經驗相當寶貴，特別是社員集體融資和管理，以及由不同持份者共同承擔風險及分享成果的機制，極具參考價值。

除了 iCOOP 外，韓國希望研究所及《韓民族日報》的開放合作經驗，亦很值得學習。

（文章節錄自《共享城市》第四章）

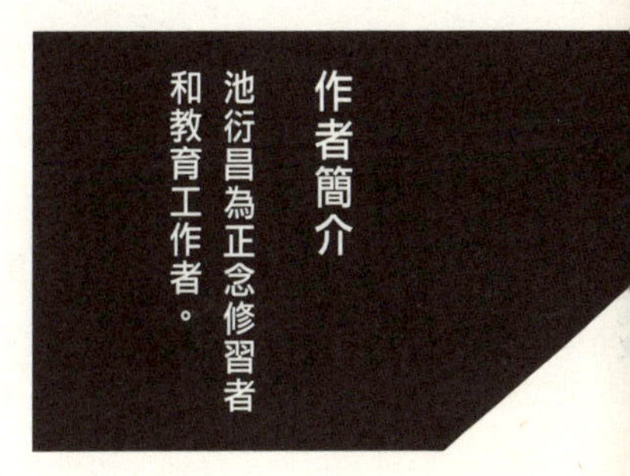

1.5 希望研究所——城市發展由羣眾話事

／蘇文英

以收集面試時穿的衣物為內容的 Open Closet，為希望研究所的著名個案。

南韓曾經出現**漢江奇蹟**，透過外向型經濟發展策略，自強不息的民族精神，令國家從韓戰戰墟和金融風暴中迅速恢復；並由國際貨幣基金會的受助國，搖身一變成為資助國，經濟實力躋身二十國集團。但當大家傾慕南韓發展模式時，它自身也因過於集中經濟增長，而忽略了民生需要，因而進退維谷。

經濟增長吸引大量人口遷移，加劇了某些城市的負荷，出現空間不足和環境污染問題；經濟增長也未必意味全民受惠，特別是年輕人即使接受高等教育，也無法成功就業，寧願陶醉在韓劇裏發明星夢。這也挑起世代間的指責——責怪年輕人缺乏參與建設社會的熱情。

漢江奇蹟

指 1953 年至 1996 年間漢城（今首爾）經濟迅速發展。漢江貫穿首爾市中心，將漢城分為江南和江北，故以「漢江」為名。韓國經濟迅速成世界第十一大經濟體，造就了三星、LG 和現代等世界知名跨國集團。2006 年韓國的人均國民生產總值高達二萬美元。

市長朴元淳爭取社會公義

三十多年前，首爾市長朴元淳是維權律師，致力爭取社會公義和關注人權議題。他於 2002 年成立美麗基金會（Beautiful Foundation），推動社區的關愛文化，著名項目包括有 1% 分享，透過積木錢罌，在學校、餐廳、企業和非牟利組織募捐，又鼓勵新婚夫婦捐出百分之一的人情，用於社區項目上，資助貧窮兒童學習和參與藝術活動。

2006 年他離開美麗基金會，成立希望研究所（Hope Institute），除擔當智庫外，還是重點培訓社會創新人才的基地。研究所提倡韓國的實學精神（neo-silhak），重視羣眾參與式的研究工作，鼓勵政策制訂者抽離城市人的角色，思考城鄉發展能否和諧共構，及善用在地條件，如鄰里關係、小商戶、農村等，更有效地回應社會需要，達致可持續發展。一直以來，研究所撥出不少基金在地區政策研究上，鼓勵民間勇於表達意見，嘗試自行展開地區實驗計劃。

同時研究所也重視培訓，教授社會創新的好處和製造複式社會效應，盼望地區官員改善與基層羣眾的溝通，在制訂政策過程中融入民意，避免最終遠離大眾福祉。基金設立了官員學校，以提升地區管治威信和能力，促進官民間合作。在 2012 年，已有六百一十二位政府官員接受其培訓。

研究所八大部門

現在，研究所共有六十一位職員，轄下設立八個部門。

1. 板根中心（Roots Center）

按務實／實事求是的精神（shilsagushi），建議地方政府提出適切政策，推動農村可持續發展，促進農村更新，鼓勵居民參與；

2. 社會創新中心（Social Innovation Center）

以「需要由你締造——我們理想中的社會」（Do It Yourself- a society we want）為目標，轉換民間的意念成為社會政策；

3. 小型企業中心（Center for Small Enterprises）

推出社會企業孵化計劃，建設社會經濟；

4. 長者社會回饋中心（Center for Senior Social Contribution）

鼓勵退休和即將退休的人士規劃退休生活，如進入非牟利機構工作、參與社會經濟，也邀請退休專業人士參與快樂設計學院（Academy for Designing Happiness）、長者非牟利學校（Senior NPO School）、長者經濟學院（Senior Good Economy Academy），讓長者把畢生累積的經驗教授他人；

5. 教育中心（Center for Education）

向地方政府官員和社區領袖，提供能力提升計劃和課程；

6. 資源發展中心（Resource Development Centre）；

7. 規劃和公共關係辦事處（Office of Planning and Public Relations）；

8. 管理支援辦事處（Office of Management Supports）。

由 2006 至 2012 年期間，研究所從民間收集了四千五百三十四項創新意見，實踐了其中一百三十項，著名個案包括 Open Closet。Open Closet 於 2012 年 7 月成立，是一間專門收集二手西裝的社企，以低價（甚至免費）租予套裝給失業人士，讓求職者面試時衣着光鮮，並教授他們面試技巧，以提升被錄用的機會。

Open Closet 相信用人唯才

Open Closet 的營運理念基於「5P」，即是問題(problem)、參與(participation)、利潤(profit)、政策(policy)和平台(platform)，除了讓服務使用者能了解衣履主人的故事外，還在回應南韓的青年失業問題。在富裕社會成長的年輕人找不到好工作，年長的一代覺得他們捱不起苦、積極性低、工作能力不足，予以很多負面標籤。

但 Open Closet 相信用人唯才，透過共享模式，在民間收集面試時穿的衣物，並提供求職培訓，減輕年輕人的財政壓力，默默為他們充權。Open Closet 也曾與一些品牌合作，如化妝品牌 Bobbi Brown，教授求職者化妝技巧，透過整理儀容博取僱主好感。

結語

Open Closet 是南韓經典社企案例，吸引有興趣參與社會創新的年輕人建立社會使命，善用社會剩餘及閒置資源，提高物件的使用價值；又結合環保概念，讓社企可持續地發展。

社企百家爭鳴，除了需要有公義、公平的營商環境，還有賴敢言的媒體為人民發聲。

（文章節錄自《共享城市》第四章）

作者簡介

蘇文英修讀社會學，關注公平貿易、農業、小農經濟和糧食系統。

1.6 《韓民族日報》——非常媒體革命風暴

／韓江雪

ENGLISH | 日本語 | 中文　　　　한겨레21 · 씨네21 · 이코노미인사이트

한겨레
hani.co.kr

디지털초판 | PDF | 구독신청

최순실 | 백남기 | ESC | 전국 | 스포츠 | 오피니언 | 스페셜 | 정치BAR | 서울& | 더보기　　한겨레TV | 포토 | 영상뉴스 | 커뮤니티

[단독] K재단, 궁지몰린 롯데 팔 비틀어 70억 더 뜯어냈다

경영권 분쟁으로 검찰 수사가 임박한 롯데그룹이 지난 5월 케이스포츠 재단에 70억원을 낸 것으로 확인됐다. 이 과정에서 안종범 청와대 정책조정수석과 최순실씨가 깊이 개입한 정황도 드러났다. 이에 따라 안 ...

화보

'1986 건대항쟁' 30년만에 공개된 그날

화보

거대한 폭포 위에 지어진 마을?

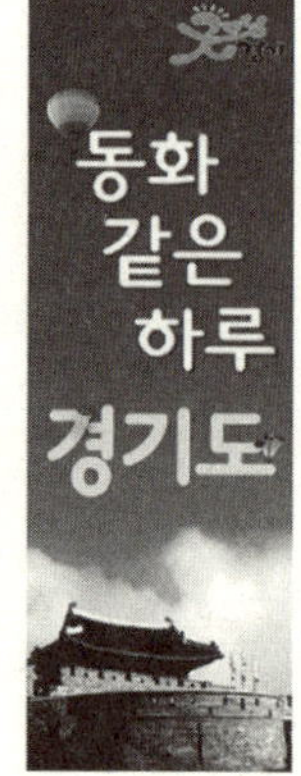

《韓民族日報》勇於報道社會真相，甚具風骨。

無論是回歸前的同人式雜誌、回歸後的獨立新聞網站和電台，香港長期以來，均曾嘗試挑戰主流傳媒生態。但隨着新聞自由受到威脅，新聞工作者的人身安全也失去保障。確保新聞工作者的獨立和專業自主性，已成不能迴避的重大課題。這是時候反思和探討獨立民間媒體的可行營運模式。

正如香港嶺南大學文化研究系助理教授葉蔭聰（2009）指出：

由於在財政上無法得到穩定支持，所以許多獨立媒體既沒有全職職員，亦無足夠的活動經費，於是形成惡性循環，困在同人式小媒體處境之中，對不少年輕人缺乏吸引力。而一些財政狀況良好的獨立媒體，如 My Radio，財政結構相當脆弱，因它依賴單一贊助者，無法自負盈虧，因而大大限制了發展。(註 1)

獨媒無廣告收益，不可能自負盈虧

葉蔭聰有份創辦的「香港獨立媒體」(http://www.inmediahk.net)，採納外國的參與式媒體和民間記者模式，讓使用者直接上載文章。通過廣泛集資，由逾四十名捐款者每月支持。但由於香港獨立媒體並無廣告收益，因此並不可能自負盈虧。2009 年，葉蔭聰曾撰文提及政策規管對獨立民間媒體的限制，但並無觸及公開集資可能面對的法律限制。

以下，筆者嘗試利用《韓民族日報》(*The Hankyoreh*) 為例，來説明即使是近在咫尺的南韓，也曾出現香港人或會覺得匪疑所思的獨立民間媒體成功個案。若將它的營運模式移植到香港，又能否成功呢？

員工一人一票，選出報社行政總裁

《韓民族日報》歷史要追溯至 1988 年，南韓仍處於前總統盧泰愚的專制統治下，主流新聞媒體作風極為保守。當時，超過二百名因敢言而被裁撤的新聞工作者，經一輪大型集資運動後，成功得到近六萬名小股東支持，籌得逾二千萬美元資金辦報。

但同時，規定每名股東持股不得超過百分之一，以確保擁有權維持在分散狀態。時至今日，負責該報日常管理的行政總裁，仍由全體員工以一人一票方式選出。由行政總裁提名的總編輯，亦需取得全體員工的信任投票。最終，《韓民族日報》在高度集團化的報業市場中脫穎而出，甚至躋身為南韓三大日報之一。

按漢陽大學社會科學部韓東燮教授研究，(註 2)《韓民族日報》的小股東主要來自中產階級，尤其是白領和知識分子，開辦初期銷量已近三十萬份，其後更升至六十萬份，加上讀者社會經濟地位較高，因此和南韓其他獨立報章有別，不用單依賴廣告，仍能取得與主流報章相若的收入。

捨棄漢字，首份全韓文排版報章

由於其獨特的分散擁有權模式，《韓民族日報》偏重調查報導，專門揭露政府貪腐醜聞，又或對大財團的舉措嚴加批評，因此常招徠財團撤回廣告作杯葛，令廣告收入不穩定。但是，因廣泛而獨特的股東和讀者基礎，報章每次遇財政危機都能化險為夷，長期生存下來。

有趣的是，《韓民族日報》乃是南韓首份捨棄夾雜漢字和韓文，採取全韓文橫向排版的報章。一方面具有鮮明的政治含意，讓教育水平較低的人也能看明白；同時亦便利排版，在草創時期節省不少成本。

時至今日，互聯網平台大行其道，羣眾集資已不再遙不可及。事實上，本港近年亦有不少羣眾集資網站冒起，其中包括 FringeBacker、Dreamna 及主營時裝項目的 ZAOZAO 等。

投資回報限於列明饋贈，不涉金錢

根據英國《太陽報》(*The Sun*) 引述 FringeBacker 執行董事許婷婷指出：

> 羣眾集資項目中的「投資者」並非擁有項目股權，「投資」回報限於計劃內列明的饋贈，不會涉及金錢回報，故該等人士會被視作支持者（backers）。

而支持金額的數量，一般分為數個級別，集資者會贈送不同的回禮予不同級別的支持者。(註 3)

在香港，滙豐「黑池」(StockMax) 交易平台是首個針對散戶的同類平台，於 2013 年底被證監會「叫停」，不允許繼續向散戶提供服務。獨立股評人 David Webb 撰文，批評此舉是基於平台會對港交所的壟斷地位，構成直接競爭。受惠於其壟斷地位，港交所稅前利潤率高達百分之七十七，遠高於其他同業。

香港證監會主席唐家成指出：

> 羣眾集資在中國日趨活躍，但美國監管當局現已在研究，如何對羣眾集資活動進行監管，其中或會考慮對可募集資金的總額，以及對個別投資者的投資金額設定上限。對香港來説，這肯定是一個嶄新的領域，而證監會正對此加以審視。此外，我們也計劃於今年刊發有關監管「黑池」的諮詢文件。「黑池」交易是一種正在香港穩步發展的投資活動，而當中有某些地方，證監會認為需要對其加以審視。(註 4)

共同擁有

合作社所普遍採用的、由成員實行集體持有、有別於主流市場經濟由個體持有的資產擁有及管理模式。

新一代獨立民間媒體模式能否確立，很視乎羣眾集資的渠道是否暢通無阻。假如投資並不涉及股權轉移，則法律層面的限制會少得多；但如此一來，卻又無法將媒體擁有權真正植根羣眾。未來數年，香港政治會一步步朝着普選方向邁進，但在經濟層面卻存在集團壟斷的制度天花，媒體通過民主**共同擁有**（common ownership）的可能大受阻礙。沒有民主的獨立民間媒體，對民主政治會產生什麼影響，值得大家深思。

隨着香港 FactWire News Agency（傳真社）的成立，意味港人也有能力「自己城市自己救」。

（文章節錄自《共享城市》第四章）

作者簡介

韓江雪，曾和鄒崇銘合著《這一代的鬱悶——從消失中的香港到世代之戰》。

註

1. 葉蔭聰（2009），〈新政治力量：香港獨立媒體的發展〉。台北：《新聞學研究》，99: 221-239。
2. Han, D. S.（2000）. 'The middle classes, ideological intention and resurrection of a progressive newspaper: a South Korean case.' in *International Communication Gazette*. London: SAGE publishing, 62.1: 61-74.
3. 〈新興集資法睇真啲〉於《太陽報》，2013 年 6 月 17 日。
4. 〈證監會戮力監管——專訪唐家成先生〉，*Momentum*。香港：香港上市公司商會雜誌，2013 年冬。

1.7 潛藏香港社會的自救精神

／黃英琦

FringeBacker集資平台。

香港音樂創作人周博賢倡議的「民間文化局」，從資助、連結、推廣、教育以至投資，儼然是個與主流平台呈平行結構的生態系統雛型。

當遊行抗議等行動被嘲諷為行禮如儀，而無知無覺的犬儒心態又籠罩着整個社會，周博賢希望自行「立村」——透過建構核心價值，連結城市內真心的人，發展一套香港的真聲音、真產品；這就像捷克前總統、作家及劇作家哈維爾（Vaclav Havel）的格言「活在真實中」，指日子過得「真實」才是最好的反抗。

不過，在這拒絕大台的二十一世紀，香港須成立「民化局」，才能讓同道中人團結力量，有勇氣說想說的話、做想做的事嗎？

眾籌
新產品或項目在籌劃階段的一種融資模式，先公開向羣眾籌募足夠經費或支持，才決定產品或項目是否付諸生產或實行。

筆者讀他的倡議時剛好在首爾，想起了三個真實的南韓故事。這些例子曾在之前的篇章中先後出現，在此部分再加以補充、整合和歸納，以分析韓國人與主流共存之道，就如哈維爾所說的「第二文化」，為缺乏選擇的人民提供真選擇；然後，再談談對「民化局」倡議的看法。

沒有新聞自由，籌款成立報章

上世紀八十年代南韓經濟發展急速，卻沒有新聞自由，記者在政治上受到壓迫，有良知的傳媒人被褫奪撰寫權。營運報紙要大量資金，只有靠攏政府的大財團才有如此實力，形成了困局。

韓國的知識分子和民主運動支持者，期盼一家有勇氣說真話的傳媒出現，前文曾提及的《韓民族日報》正因籌款運動而面世（詳見第一章 1.6）。當時沒有互聯網，但**眾籌**（crowdfunding）消息也傳播得很快。為避免被大投資者操控，籌款運動只接受等同港幣約六千元的小額捐款，第一輪捐款在三個月內已達四百萬美元，捐款者達兩萬人。經營一年後，報社再推第二輪集資，募得逾一千萬美元。捐款者四萬多人，都是有義氣的普通市民。

報社曾收過孩子父母帶來的豬仔錢箱，及輪椅人士親自帶來的積蓄。其後，創辦團隊決定向捐款者送出股份，共六萬五千人成為股東。筆者曾參觀《韓民族日報》，走進其總部大堂，只見牆上都是刻上名字的長木條，向當年參與眾籌的股東致意。密密麻麻的木條，傳送過來的是沉實堅定的公民能量。

一所報館只靠民間捐款成事，實在世間罕見。值得安慰的是，《韓民族日報》

排除萬難（他們的記者曾被禁止採訪甚至進入官方的記者室），跌跌碰碰一路走來，至今仍是最具公信力的革新派媒體，影響了南韓的政治、經濟、社會和文化發展二十多年。近年還成立了「韓民族經濟研究所（HERI）」，其經濟分析周刊領導思潮，推動另類經濟模式。

《韓民族日報》的成功就像「大衛擊退巨人歌利亞」。南韓的公益社會韌力非凡，但《韓民族日報》只是其中一個成功例子。南韓人似乎找到了建構平行網絡、鼓勵大眾參與的竅門，在微細的日常生活中一步步改變社會主流價值，提升公民意識。

建立基金，一步步改變社會

前文曾述，現任首爾市長朴元淳是一位公民社會奇人（詳見第一章 1.1）。他自稱「社會設計師」，未參選市長前在民間成立了美麗基金會，其使命有點像周博賢所建議的「民化局」，想撐起有意義但拿不到主流社會資源的項目。

朴元淳的創意亦是來自眾籌。例如，美麗基金會的 1% 分享行動，邀請支持者把每月薪酬、開生日會花費的百分之一捐給基金會。1% 運動的理念是集腋成裘，人人都可有貢獻，及後便衍生出 1% 商店、1% 旅行預算等有趣的呼應行動，呼籲商店捐出百分之一盈利，家庭捐出百分之一旅行開支（詳見第一章 1.5）。

這些捐款單筆金額確實不高，但意義在於公民的持續承擔，深化資源共享意識。美麗基金會每年籌得數千萬港元款項，幫助社會底層及被邊緣化的社羣（如脫北者），並投放資源予維權和社會運動。

■ 美麗基金會給予平民很多幫助，圖為其網站。

美麗基金會也做了些很平民化的事：它在不同社區開設環保社企美麗商店（Beautiful Stores），收取市民的二手衣物，經清潔後以便宜價錢賣給其他居民。在南韓，目前有六十多家美麗商店，基金因而有機會透過商店深入社區，協助發展公民組織，豐富了社區經濟的實踐。

開源模式

原指資訊科技界的開放原始碼運動，讓同儕能共同編寫、修改和開拓軟件。其後泛指各種知識共享和共創的活動。

除了美麗基金會，朴市長也發起了公民社會智庫希望研究所，同樣透過眾籌啟動政策研究，以**開源模式**（open source）在民間募集社會創新點子。朴元淳觀察入微，發現了「市政府」是最有作為的管治架構，能推動城市創新和改善市民生活。他在希望研究所啟動「市長會」（Mayors' Club），把南韓近百位市長連結起來，每年見面互相取經，分享施政新猷，也鼓勵大家「照抄」受市民歡迎的政策。

iCOOP 與香港公平貿易運動對照

美麗基金會的目標是鼓勵共享資源和意念，讓市民參與社會行動，而與連鎖集團超市平行共存的 iCOOP 例子，當然必須在此再提。它發揮了「團結消費」的力量，讓市民有更安全和公平的食物選擇。

■ iCOOP 超市貨品比香港更多元化，生意額還不斷增長。

在香港，我們不斷批評商場千篇一律，罵領展趕走街坊小店，卻苦無出路。不過，早於九十年代南韓的小型合作社便走在一起，決定重新整合，成立了龐大的合作社聯盟。今天，香港的公平貿易運動發展也算頗成功，但食品種類始終不夠多樣化。

走進南韓 iCOOP 旗下的超市，由大米、新鮮蔬菜、泡菜、零食、即食麪、有機小麥製造的拉麪，都一應俱全。產品有 iCOOP 合作社無添加的認證，價錢與連鎖超市的品牌差不多。iCOOP 向每區的小超市提供指導，由居民集資建設及營運。事實證明了，以消費者主導的營運模式也能賺錢，生意額和社員數字均有持續增長。

《韓民族日報》、美麗基金會和 iCOOP 給我的思考是：只要人民不犬儒不抱怨，選擇自救，過互相支持的真實生活是可行的。我們需要的是行動力和自助精神，建立以同儕、社區和價值主導的「第二文化」：讓人可以看真心説話的報紙、以多元方法參與社會及支持同行者、吃由本地生產的安全食物。若能夠這樣做，公民社會的空間就會愈來愈壯大。

香港文化人，請不要妄自菲薄

在本書前部分，有作者介紹了本港過去一些反貧窮、成功抗衡主流思潮的社區經濟活動例子（詳見第一章 1.3）。香港文化人不應妄自菲薄。在過去二十年，筆者曾積極參與文化公民社會發展，見證了文化政策亦可以由下而上作出改變。

文化界一班前輩在過去，集力推開了幾道牢牢關上的大門，才形成今天的文化結構和民間文化空間，例如七十年代的香港藝術中心，以至九十年代有民選成分的香港藝術發展局（藝發局），都是源自文化界與政府角力的結果，都是由民間爭取回來的。

1998 年金融風暴後，北角油街前「皇家倉」被丟空。文藝組織紛紛進駐，享受兩元一呎的「超抵」（非常划算）租金，不出數個月便形成自主的文化聚落。後來政府如夢初醒，終止了租約，文化界便爭取把土瓜灣的牛棚發展成藝術村，又倡議政府支持藝術工作室，推動將石峽尾一幢工廈整幢活化，催生了今天的「賽馬會創意藝術中心」。

西九文化區原是由發展商主導的裝飾性文化項目，與本土藝術沒什麼關連。在 2004 年民間迅速作出回應，成立了平行的「西九民間評審聯席會議」，在跨界平台上主導輿論。至兩年後，西九項目被推倒重來，由政府成立的公營西九文化區管理局督導發展。

「民化局」的精神早已潛藏社會，在不同年代都有文化人發起行動自救，拓展空間，爭取資源。既然存在，那就不用設立新的架構和思考如何「中央集資」，只須善用社會現存的平台。可思考以下三點：

1. 讓眾籌成為生活常態

如何讓眾籌成為生活常態？以眾籌起動一個新聞機構，在香港不再是天方夜談。傳真社的吳曉東，以眾籌成立了說真話的新聞通訊社，近年更揭露了台山核電廠問題。《全球深度報道網》（Global Investigative Journalism Network, GIJN）這樣地描述此創舉，有點《韓民族日報》的凜然：

> 香港人共同集資創辦傳真社——皆因港人相信，作為公民社會，良性資訊不可或缺，他們深知，經反覆核實的優質報道，有助他們了解社會動向，免受偏頗及利益驅動資訊所蒙蔽。

除了國際化的眾籌網站 Kickstarter，香港的創業潮近年促成了幾個面向不同的眾籌網。由傳真社所使用的 FringeBacker，支持音樂活動的 MusicBee（音樂蜂），以至 Cloudonate（雲集）和新面世的 Umadx，都鼓勵市民隨時隨地「碌」手機（一刷手機）參與社會行動。

捐款只是第一步，最重要是有網絡連結，人與人之間才容易建立持續協作，彼此關心。因此，只要更多人相信並參與眾籌平台，並有更好玩的眾籌項目，如南韓美麗基金會的 1% 分享，香港就會出現更多的「有種音樂會」、「有種展覽」、「有種出版」，讓大家過有選擇的生活，支持社會的多元自主，捍衛自由美善的核心價值。

任何勢力都不能完全控制上述的日常生活面向，這就是哈維爾描述的「無權者的權力」（the power of the powerless）。

■ MusicBee 讓市民可支持音樂活動。

2. 厚植公共領域

其次，是須提升「公共領域」(public sphere) 的深度，讓新一代學習新的知識、方法和行動默契，發揮更大介入社會的能力。

香港文化界現時需要的不是埋首寫計劃書，不是在政府指定的遊戲規則夾縫中爭取資源，而是延續過去十多年那種對大局「看不過眼」的動力，帶着俠義精神的民間默契 (老套一點，就是「團結起來」)，支援和倡議各種行動，促成一個更有利持續發展和更公義的文化生態系統。

年輕文化藝術工作者缺乏空間，爭取工廈成為文創基地，但近年有關研究和倡議卻似乎洩了氣。不過，若大家張開眼睛，便發現可用的空間其實近在咫尺——可以是舊區的閒置地方、街道和公園，或各種手作和工匠室，以至咖啡店和樓上墟市，以及任何隱藏支持者願意與人共享的資源。

只要我們能扔掉犬儒，開拓並善用社區空間——像香港嶺南大學文化研究系副教授許寶強説，透過與社區互動和學習，便能慢慢孕育有別於香港主流價值和生活習性的「第二文化」。不過，切記不能讓這種文化變成無知無覺和離地的「小確幸」。知識和思潮的辯論，才是社會參與的基石和動力。

3. 擁抱開放和共享精神

最後，若「民化局」要相比當年爭取成立藝發局的「文化界聯席」，以致十年前的「西九聯席」更強大的話，唯一方法是擁抱開放和共享精神（而不是緊抱自己的版權和產權不放）。眾籌可滿足資源匱乏的人，提升民智、建立互信及共享資源，讓市民能為自己和社區做點事。

不過，這種建構平行力量的意識尚待深化。因這種形式的參與，是人類對於過真實生活的堅持，是持久的價值深耕；沒有鎂光燈，不是霎時的表態，不是數人頭方式的遊行。

當「民化局」的相互扶持和自救精神植根於生活日常，我們就能每天作出清醒抉擇，如不收看某個電視台的節目、支持眾籌、多看書和學習、在不同崗位作低調支援。這些也是廣義的參與，一同推動價值轉向，成就香港繼續發展自由多元文化，在受制約的社會中尋找出路。

顯然，香港已擁有釋放社羣力的基礎。可是，還需要深入認識當中理論，以及在不同範疇展開實驗。

（原文曾於《端傳媒》刊登）

作者簡介

黃英琦為 Good Lab 創辦人、香港兆基創意書院校監。

第二章 為活得好

嘗試在香港釋放社羣力

相互扶持和自救精神，在香港植根已久。七十年代楚原執導的電影《七十二家房客》中的溫暖人情，至今不少前輩仍對此津津樂道。

近年韓風在港盛吹，釋放社羣力的想法在民間流傳。有人結合前人的研究和經驗，嘗試在地踐行，推行各類型共享實驗並分享經驗。雖然，大部分人習慣因循由上而下的發展模式，但為活得好點，也不得不踏出改變的第一步。

在這一章，將會先介紹相關理論，然後分享一些本港的實踐經驗。

photo by estherpoon / Shutterstock, Inc.

2.1 使命：整合理論，為社羣力提供實踐依據

／鄒崇銘

What's Mine Is Yours: The Rise of Collaborative Consumption 是倡導共享經濟的重要著作。

2016年香港立法會選舉選戰未到三個月，愈來愈多情緒投入其中。競選團隊也是無敵強勁，深感人的自發性和可能性還可以被不斷發掘，去找自己想發力的位置，並且能有意識去學習與同伴溝通磨合，共同創造。我想我理想中的自決和民主是會如此發生。不樂觀，不易走，但相信總有些善良美好的種子會慢慢發芽茁壯，吸引更多有相同想法的人加入其中。

——姿（朱凱迪的競選經理，寫於2016年香港立法會選舉投票前五天）

共享經濟堀起，防新霸主冒現

這本著作，乃是以下筆者有份參與的作品的延續：

《不是烏托邦：社會經濟理論與實踐》（下簡稱《不是烏托邦》）（樂施會，2004）；
《墟．冚城市：在地自主經濟與良心消費》（印象文字，2012）；
《共享城市：從社會企業、公平貿易、良心消費到共享經濟（上）》（下簡稱《共享城市》）（印象文字，2014）；
《共享香港：從社會企業、公平貿易、良心消費到共享經濟（下）》（下簡稱《共享香港》）（印象文字，2014）；
《重構香港：從庶民空間到社區更新》（下簡稱《重構香港》）（印象文字，2016）；
《再造香港：從社區創新到參與規劃》（下簡稱《再造香港》）（印象文字，2016）。

數年來，社區經濟、共享經濟、分享經濟等詞彙，已從香港地下走到地面，成為市民生活一部分。但當「另類實踐」走進主流市場便有利有弊，不但初衷可能被扭曲，或甚至淪為大企業和集團塗脂抹粉的工具。

在《共享城市》中，曾介紹共享經濟倡導者 Rachel Botsman 於2010年

■ Tom Slee甘冒大不諱，批評分享經濟趨勢。

的著作 *What's Mine Is Yours: The Rise of Collaborative Consumption*，是關於共享經濟最廣為人知的著作之一。但到了2015年，經濟評論家Tom Slee卻出版了 *What's Yours Is Mine: Against the Sharing Economy* 一書，台灣中譯名為《分享經濟的華麗騙局：用科技收租的網路新地主，正如何危害人類社會？》（大寫出版社，2016）。書名已告訴大家，共享／分享經濟正迅速帶來中介平台霸主壟斷，書介如下：

> 本書是市面上第一本甘冒大不諱，批評分享經濟趨勢的書，作者呼籲人們起身還擊藏在分享經濟背後的風險資本家……這扭曲的網路時代產物，透過最粗糙的自由市場作法，將它的觸角深入過去我們生活中的禁區。這種方式會榨乾社會，並逼迫弱勢的人擔下他們無法承擔的風險，卻讓少數人獨享賺錢機會。

或成為操控消費者的新力量

Rachel Botsman是具有創新思考的作家、顧問和演説家，透過由網路科技所帶給人類的社羣力量，發表改變未來消費行為的方法，甚至運用到商業模式上，給企業帶來創新契機，影響人類生活。

此書雖為經濟學專著，行文卻淺顯易懂，採用GoGet和Zipcar等案例作輔證。她和另一位作者Rorger Roo建立了網站（http://www.collaborativeconsumption.com），提倡網路創新運動。

筆者的前作亦有注意到共享經濟背後的危險傾向，在《共享城市》第一章便開宗明義指出，共享經濟理論宗師Michel Bauwens，在早年一系列當時被稱為同儕共享（peer-to-peer, P2P）的研究中，已提醒共享或協作並不一定會

■ Airbnb 被指由強大中央集權體系操控，圖為其網站。

革新市場模式；相反，它或許只意味着延伸主流市場經濟的力量，並以更凌散、混雜和機動的方式，打造一股操控消費者的新力量。（註 1）

最顯著的例子，莫如巨大網絡霸主如 Airbnb 和 Uber 的冒現，它們同樣活用同儕共享技術，促進用戶或消費者間的交流聯繫；但自始至終，中介平台均由強大中央集權體系操控，充當鞏固資本壟斷的市場工具，Michel Bauwens 稱之為「網絡霸權資本主義」（netarchical capitalism）。

迥異的同儕共享市場模式

Michel Bauwens 指出，我們要對各種同儕共享的市場模式，進行更細緻的梳理和區分，以辨別促進社會公平和市場變革背後，所產生的消極或進步作用。他首先提出兩個主要面向，並劃分四種理想的同儕共享市場模式：

面向 A

中央化／全球 vs. 地方化／本土

面向 B

盈利為本／交換價值 vs. 互惠為本／使用價值

四種理想的同儕共享市場模式

	盈利為本／交換價值	互惠為本／使用價值
中央化／全球	網絡霸權資本主義（netarchical capitalism）eg. Facebook, Amazon	全球共同體（global commons）eg. P2P Foundation
地方化／本土	地方離散資本主義（distributed capitalism）eg. Bitcoin, Kickstarter	抗逆社區（resilience communities）eg. Degrowth, Transition Towns

資料來源

Michel Bauwens & Vasilis Kostakis（2014）. *Network Society and Future Scenarios for a Collaborative Economy*. London: Palgrave Macmillan. See http://p2pfoundation.net/Four_Future_P2P_Scenarios。

「中央化＋盈利為本」，正是「網絡霸權資本主義」的主要特徵；「地方化＋盈利為本」，則是一些以特定地點或社區為基礎，同樣採用同儕共享模式運作的私營企業，Michel Bauwens 稱之為「地方離散資本主義」（distributed capitalism）。

但無論是「網絡霸權」或「地方離散」，兩種模式只是主流市場經濟的一部分，借助同儕共享對消費者進行滲透而已。相比下，對 Michel Bauwens 來說，只有以互惠為本的同儕共享，才能積極和有效發揮變革潛能，開拓真正的另類市場空間。

當中，以「地方化＋互惠為本」的「抗逆社區」（resilience communities），和社區經濟或本土自主經濟的概念一脈相承。但 Michel Bauwens 同時亦提醒，不能忽視「中央化＋互惠為本」，亦即「全球共同體」（global commons）的連結，否則在特定地點或社區的試驗，只會淪為劃地為牢、欠持續性的烏托邦式幻想。

■ Degrowth 屬於 Michel Bauwens 提出的「抗逆社區」分類，圖為 Degrowth 網站。

Michel Bauwens 指，上述四種同儕共享市場模式的根本差別，在於價值創造和累積的邏輯，及其所衍生的時間／空間組合型態。以盈利為本的「網絡霸權」或「地方離散」的資本主義，針對大小股東又或地方中小企利益；而以互惠為本的「抗逆社區」或「全球共同體」，則面向本土社區或全球共同議題。

當中，「抗逆社區」側重物質生產和消費；而「全球共同體」側重非物質，特別重視資訊和知識的生產和消費。

了解同儕共享模式的基本特質

Michel Bauwens 等學者在 *Synthetic Overview of the Collaborative Economy*（2012）一書作進一步分析，指市場模式可大致分為「企業——盈利為本」和「社羣——互惠為本」兩種。而在不同模式中，用家有不同程度的參與，可再仔細劃分為不同的共同創造方式，在此不贅，僅以簡表介紹。

四種共同創造模式

在「社羣——互惠為本」的市場模式，隨着金錢交易的依賴性下降，用家的參與程度會相應提高。針對這模式，Michel Bauwens 提出以下兩種向導，並劃分四種共同創造模式：

向導 A

潛在用家的開放性（存在甄選／不甄選）；

向導 B

對擁有權的開放性（集中在推手／分散在用家）。

1. 專家型（club of experts）屬於「甄選／集中」
   只服務小圈子的精英社羣；
2. 聯盟型（coalition of parties）屬於「甄選／分散」
   容許不同持份者把各類資源進行跨界別互補；
3. 羣眾集資型（crowd of people）屬於「不甄選／集中」
   在推手的協調下整合用家的資源；
4. 公益型（community of kindred spirit）屬於「不甄選／分散」
   由於其開放參與程度最高（如 linux 和維基百科），因此資源亦會給用家自身以外的公眾利益項目使用。

要注意，在「企業——盈利為本」的市場模式中，表面上用家同樣有機會涉及共創的過程，例如參與交流聯繫、自助服務（如自助餐和快餐店）、產品裝嵌（如 DIY 家居用品）和度身訂製產品或服務等，不過其核心精神卻迴然不同。

（文章節錄自《共享城市》第一章。）

開放性 ＼ 擁有權	集中	分散
不甄選	羣眾集資型	公益型
甄選	專家型	聯盟型

資料來源

摘自 Bauwens M, et al,（2012）. *Synthetic Overview of the Collaborative Economy*. P2P Foundation.

■ *Synthetic Overview of the Collaborative Economy* 分析不同共同創造模式。

百多年前，馬克思（Karl Marx）指出要洞悉資本主義的生產關係——即工人階級剩餘勞動價值的擄取和剝削，才能揭示資本主義最隱密的神秘面紗；(註2) 按照同樣道理，我們也須明白共同創造背後的原理，才能深刻理解同儕共享模式的基本特質。

Michel Bauwens 的出發點，是建基於經濟學大師、諾貝爾獎得主高斯（Ronald Coase）關於交易成本的理論，又或稱為「高斯的天花板」（Coasian ceiling）——即是當特定組織模式發展至一定規模時，便再無法維持原有的高效率運作。

他引用紐約大學（New York University）新聞學院教授 Clay Shirky，及網路社會運動學者 Felix Stalder 的說法(註3)，指由於資訊科技急劇發展，讓跨國企業大大減輕了內部交易成本，使「天花板」不斷升高，因此在過去三十年仍能高速擴大規模。

但同時，Clay Shirky 亦嘗試朝相反方向探究，指組織模式過小也會影響效率，原因是和建立組織所負擔的交易成本有關（例如企業的雜項開支），Clay Shirky 稱之為「高斯的地板」（Coasian floor）。當組織模式過小，便難以承擔交易成本。不過，在組織模式大小不變的情況下，資訊科技亦有助讓「地板」不斷降低，因此小組織或個體戶同樣能以高效能運作。

科技中介有機會混水摸魚

按以上論述便說穿了，隨着共享技術普及和市場訊息透明，讓個體之間的合作交易成本大減。因此，亦意味着同儕共享的共同創造夢想，有可能實現。其成功關鍵就是在於科技中介如何令個體充權（individual empowered），讓它變得更強。

這種扁平網絡狀的離散組織，有機會取代以往層級化的中央集權組織。如此，不同的個體可建立平等互惠的社羣，不斷壯大彼此之間的社會資本，一同分享共創出來的使用價值。

然而，同儕共享往往有賴科技中介才能實現，中介在當中便有機會混水摸魚，並上下其手，圈定和擄取共同創造的價值，並將之還原為市場中的交換價值，累積不成比例的巨額盈利和經濟資本。而這正是上文曾提及「網絡霸權資本主義」的源起。

Michel Bauwens 認為，在同儕共享的美麗新世界中，強調互惠為本和盈利為本的模式將同時出現，並呈現離散網絡和中央集權兩種極端的方向分途發展。

但問題是，若個體仍須依賴集權化的主流市場，才能購買到生活必需品；當金錢仍然是單一的交易工具，互惠社羣便難以擺脱「網絡霸權資本主義」的束縛。當中所生產出來的價值，最後亦會被擄取及兑換成經濟資本，個體始終受其操控。

建立社會資本，須把創造價值儲存在社羣

故此，擴散網絡要建立強大的社會資本，並把共同創造出來的價值，儲存在互惠社羣之內，充分發揮其使用價值而非交換價值，以防被操控或有人在當中混水摸魚；

共同體轉化

由市場經濟主導的資源分配模式，逐步被以共同體為本的分配模式所取代。

此外，假如能確保個體所需的生活品一應俱全，毋須依賴在市場購買，如此，互惠社羣便可持續地自主運作，有效防止被主流市場侵蝕，達至**共同體轉化**（commons transition）或共惠（commoning）的目標。

簡單說，市民若能互相幫助（如交換、共同製作物品和服務），便毋須單一地依賴透過市場購買，就可避免被商家剝削，可自主地生活。

箇中關鍵，在於把日常生活消費，儘量經由共同創造模式所取得。在男耕女織的傳統農村社區，大家生活自給自足，鄰里社羣互相幫助，很多生活品都靠共同創造而獲得。但隨着現代社會分工細化，社羣關係變得疏離，各家自掃門前雪，生活品唯有依賴透過市場（或其他非社羣化的分配體系）購買。

當代同儕共享的共同創造模式，就像帶大家坐時光機回到過去，不但重新將消費和生產者直接聯繫，同時亦打破市場經濟的僵化分工——個體可同時扮演生產者和用家等角色。很多時，甚至把兩種角色混合，稱之為產消家（prosumer）。

產消家降臨，共同度身訂造產品

產消家概念，最早源於美國著名未來學家 Alvin Toffler 的《第三波》（*The Third Way*, 1980），預言僵化刻板的大眾生產模式將會解體。在後工業社會，將由分眾生產模式取而代之，消費者對產品有更大發言權。

隨着二十一世紀 **Web 2.0** 和共享技術普及，

Web 2.0

一種體現資源平等的網際網絡產品模式，由用戶主導網絡平台的內容，透過使用者的參與（participation）而產生內容，內容較為個人化（personalization），經由人與人（P2P）分享（如經個人透過社交平台分享給朋友）。

■《維基經濟學》指，維基百科是同儕共享市場模式的典範。

產消家的力量被充分發揮出來。其中最著名的研究，要數網際網路知名作家 Don Tapscott 及文學作家 Anthony Williams 的《維基經濟學》（*Wikinomics: How Mass Collaboration Changes Everything*, 2006），以維基百科（Wikipedia）的成功案例，作為同儕共享市場模式的典範。

當中一個核心精神，是生產者和消費者角色的混雜：「那些最專業的用家，不會再等待中介平台提供創新產品，他們會自發形成產消家社羣，共享生產所需的知識，並共同創造經度身訂造的產品。」

產消家重新掌控生產過程決策權

《維基經濟學》指，實踐社羣（communities of practice, COP）是網際網絡世界的最重要載體。社羣均向外開放，按不同專門知識和興趣，經由使用者自由地組合及自我組織（self-organized）。其優點是，可源源不絕注入外部資源和創新動力，大大增加社羣的靈活性及適應力，配合生產、消費者和產消家的各種需要。

對於以盈利為本的企業來說，這是圈定共同資產（common property）、兌換成交換價值的黃金機會；但對以互惠為本的社羣而言，這便是一個齊齊來「將餅做大」的契機。

英國創新策略顧問 Charles Leadbeater 在 *We-Think: Mass Innovation, Not Mass Production*（2008）一書中指，在目前市場經濟中，消費者好像是王（consumer is king），但實際上只能被動地接受企業所提供的產品或服務。消費者表面上有無限的購買選擇，實際上都是在資本壟斷下的「鳥籠選擇」。因此，消費者在生產過程中增加參與度的主要目的，不是減省開支，而是擴大自己的發言權及消費自主權。

毋庸置疑，盈利為本的企業會挪用消費者的創意和參與，轉化成交換價值和經濟資本。但隨着同儕共享的共同創造發展，生產者和消費者逐漸融為一體，可避免出現上述危機。當產消家能彰顯其龐大的集體力量，便有機會掌控生產過程，並參與決策。

假如消費者或產消家能發揮集體力量，讓盈利為本的「循環線列車」脱軌，大家的創意和參與，便可轉移到「互惠為本」的社羣。例如，若有大量社區農場落成，便能提高社羣的食物自給率；若把更多食物交由社區廚房進行加工，便有望取代以盈利為本的食肆；若能大量開發再生能源，能源供應便能逐步不假外求，毋須被商家操控。

凡此種種，皆有賴大量社區成員願意扮演產消家角色，通過共同創造以累積共同資產，透過社羣互惠的模式去解決生活所需。如此，共同體轉化的夢想將會逐步實現。

擁有權的革命

共同體轉化可能是世界上不同地方不少人類的夢想，不過一直未出現有效的實現方法。在互惠為本的同儕共享中，究竟需要怎樣的組織和制度架構，才能有效避免潛在的「網絡霸權」出現？如何才能更有效管理共同資產，避免共創價值淪為少數人漁利的工具？

擁有權的革新，是實現共同體轉化的其中一個關鍵。筆者的《共享城市》，亦曾討論過「擁有權的範式革命」。引用美國新聞從業員 Nathan Schneider 的名句：「擁有我們所共享的」（owning what we share.）。[註4] 所謂「擁有」，可能要給予嶄新定義。

近年，興起了一波又一波新型合作運動，擁有權的論述不斷更新變化。以下嘗試由歷史説起，探討適用於同儕共享的產權及管治模式。

遠在一百七十多年前，也就是香港開埠的同時，英國已興起最早的合作運動。合作社作為私營企業以外的另類組織模式，在工業資本主義社會一直歷久不衰，自 1895 年國際合作社聯盟在英國倫敦成立後，更發展成全球性運動。

即使在香港這個號稱自由經濟的堡壘，五、六十年代亦曾冒現大量漁農、信貸，甚至是公務員建屋合作社，至今不少仍在社區層面活躍運作，只是不太受主流社會注意（詳見第一章 1.2）。

傳統合作社是一種擁有權模式，在管治和管理上顯得較僵化封閉，尤其是易束縛於小範圍的社員事務上。[註5]

外國合作社規模龐大，多方持份成新主流

但在歐洲、南亞和東亞不少國家，合作社的規模相當大，西班牙的蒙德拉貢（Mondragon）和日本的消費生活合作社便是著名例子，一般社員數目高達數十萬人以上。在亞洲，南韓的 iCOOP 社員有二十多萬人，台灣主婦聯盟社員也有九萬人。

過去二十年，歐洲興起跨界別的「社會合作社」(social co-operative) 或「多方持份者合作社」(multi-stakeholder co-operative) 新模式。它有別於過往合作社，跳出單以工人、農民或消費者作社員主體的框框。

新模式的主要特色，是兼容多方持份者的多元參與，甚至包含社會經濟條件較差的弱勢羣體，令合作社有效服務於個別／特殊利益之上的廣泛／共同利益。

正如研究合作社的學者 Margaret Lund (2012) 指，實踐經驗證明多方持份者合作社成員縱使混雜，卻沒帶來明顯內部衝突和管治困難。這與主流理論的假設剛好相反，在此新模式下，持份者的迥異背景並沒增加合作交易成本，相反將原來存在組織之外的交易成本內化，讓迥異意見和利益及早協商調和，令合作社決策更顧及整體和長遠發展需要。

簡單說，就是大家縱使背景不同，也能很有效地尋求出合作空間和項目。

Margaret Lund 還引用了哈佛大學管理學大師波特 (Michael Porter) 的競爭優勢 (competitive advantage) 理論，指傳統企業往往只着眼價值鏈 (value chain) 上的個別環節，尋求效率和利潤最大化，卻忽視創造價值鏈上的共享價值 (shared values)，以及對其他持份者作長遠承擔，這都是對提升競爭優勢所起的關鍵作用。(註6)

由多方持份者成立的合作社，正是體現共享價值的典型，讓我們的視野更廣闊、洞察到更多有用的東西。

合作運動有助合作社突破傳統

隨着 Web 2.0 和共享技術普及進一步推動合作運動發展，近年逐步冒起的有開放合作運動（open co-operativism）及平台合作運動（platform co-operativism）。本書將之概括地統稱為開放合作運動。但其實，在技術上兩者可再進一步作仔細區分，但在此不贅，主要目的是與舊有的合作運動作區別。（註 7）

在眾多合作運動論述當中，尤以提出平台合作運動願景的共享經濟學家 Trebor Scholz（2015）最具代表性。有趣的是，Trebor Scholz 首先引述德國社會主義哲學家羅森堡（Rosa Luxumberg），於近百年前對合作運動的經典批評，指合作社同樣要面對資本主義市場競爭，最終亦會和傳統企業看齊，擄取和剝削價值鏈上的剩餘價值。例如，合作社可能聘用非社員工人或利用大量義工，其實也難免扭曲成另一種剝削。

對此，Trebor Scholz 提出的願景，正是避免剩餘價值被挪用作個別／特殊利益，令共同創造的價值繼續服務廣泛／共同利益：

1. 站在共享經濟的廢墟上，並通過擁有權合作化，重新發現科技中介的改革潛力；

2. 不但強調中介平台的對接功能，更強調它團結多方持份者的功能，網絡上的「朋友」並非陌生孤立的個體，而是互惠合作的緊密夥伴；

3. 將重新定義創新和效率，以廣泛共同利益而非個別特殊利益為基礎，令中介平台重新回到社羣而非盈利需要上。

開放／平台合作運動

共通點是在合作模式上（特別是管治及發展）保持彈性和開放態度，兼容更多新成員及不同背景的人加入。

顧名思義，**開放／平台合作運動**，與傳統合作運動的最主要區別，在於它是個混雜衍生的開放平台，令合作社之間形成一個生態系統。一方面，有賴不同合作社開放參與、互惠共享；另一方面，容納更廣泛和多元的持份者和組織模式。

而中介平台既維持基本的原則、目標和策略，亦可容納更具彈性和靈活性的實踐方式，可幫助傳統的合作社走出既有的細小範圍，自下而上地連結成一場更廣泛的合作運動。

上述新冒起的合作運動百花齊放、兼容並包，比過去的覆蓋面更廣闊、有更大力量。

適切融資機制，是運動成敗關鍵

英國合作運動研究者 Pat Conaty 及美國公眾領域研究者 David Bollier（2014）指，在社會合作社基礎上，開放／平台合作運動尚包含多方面的經濟實踐，例如社區土地及房屋信託、自僱者合作化、互惠信貸、社區貨幣和官民共治的協作城市等。

不同的實踐皆通過開放合作平台互相連結、互通有無，逐步擴大開放合作運動在日常生活中所佔的比重。可是，過程中有兩方面要注意：

第一，運動難免觸及特定地方的社會政治制度和政策的限制（或可稱為制度的天花板），需要通過公眾教育和政策倡議，促進官民共治的良性互動，尤其是力求減低地方政府對運動所構成的阻力；

第二，運動始終有賴累積共同創造價值，再投資在符合廣泛／共同利益的業務上，令共同資產能持續擴大和發展。故此，設計出適切開放合作運動的融資機制，是成敗關鍵。

開放合作運動不斷壯大，實有賴上文強調的科技中介配合，可大大減低多方持份者之間的交易成本，令社羣互惠的業務更具成本效益之餘，更充分發揮自下而上的共同參與力量。電子社區貨幣將在融資、交易和創造價值的計算及紀錄上扮演重要角色。

建構以共同體為本的經濟體系

Michel Bauwens 和 Vasilis Kostakis（政治經濟學家、P2P Lab 創辦人），嘗試從更宏觀的視野，建構一種共同體為本經濟體系（commons-oriented economy）的想像。

其研究首先指出，開放合作運動須擴大經濟比重，形成串連廣泛／共同利益的平台；其次，需要與相近理念的社會運動合作，推動有利共同體發展的公眾教育和政策倡議。最後，資本主義的生產關係，便能由共同創造所取代，形成自我再生產的良性循環，達成共同體轉化。

與二十世紀由馬克思主義帶來、中央集權管治的國家社會主義相比，二十一世紀的開放合作運動將引領社會離開集權，通過科技中介、合作平台、自我組織，來解決資源分配和管治的問題。

誠然，經濟活動的量變並不自動帶來制度和政策上的質變，還有賴政治體制層面自上而下的配合，否則開放合作運動還是會被困在制度天花板之下。自

2012 年朴元淳當選首爾市長後，推動首爾成為共享城市，這政策正是官民良性互動的典型，對全面促進共同體轉化不可或缺。（註 8）

反過來說，若沒有強大的公民社會基礎，沒有自下而上的開放合作運動配合，任何從上而來的制度和政策亦不會存在實踐的土壤，故此兩者缺一不可。

當整合了相關理論，便有賴一班有心人，為我們先展開連串的在地實驗。

註

1. 詳見 http://www.p2pfoundation.net。
2. 馬克思（1894）:《資本論第三卷》。
3. Felix Stalder（28 July 2008）. 'Analysis without analysis.' in *Mute*. See http://www.metamute.org/editorial/articles/analysis-without-analysis.
4. See 'The future of work: owning what we share.' in *Pacific Standard*. See https://psmag.com/the-future-of-work-owning-what-we-share-1ea682783510#.h47q625bb.
5. Margaret Lund（2012）. 'Multi-stakeholder co-operatives: engines of innovation for building a healthier local food system and a healthier economy.' in *Journal of Co-operative Studies*. Manchester: UK Society for Co-operative Studies, 45.1: 32-45.
6. 波特的競爭優勢論固然只針對私人企業，與共享價值、同儕共享毫不相干。詳見《共享城市》第二章。
7. 本書並沒有就開放合作運動和平台合作運動作仔細區分，主要是和傳統合作運動作比較。前者可參考 Pat Conaty & David Bollier（2014）. 'Towards an open co-operativism: a new social economy based on open platforms, co-operative models and the commons.' in a Report on a Commons Strategies Group Workshop. Berlin, August 27-28, 2014. 後者則可參考 Trebor Scholz（2015）. *Platform Co-operativism: Challenging the Corporate Sharing Economy*. Berlin: Rosa Luxemburg Stiftung. 此外，亦可參考 2015 年 11 月 13 至 14 日在紐約舉行的相關會議內容，見 http://www.platformcoop.net/2015。
8. 詳見《共享城市》第三及四章。

2.2 開放合作運動，已在香港作連串實驗

／鄒崇銘

家家士多是重要的開放合作運動實驗。

2013 年 11 月，香港社會服務聯會考察團率先拜訪了韓國 iCOOP。到了 2016 年底，在 iCOOP 支持下，家家士多有限公司（Gaga iCOOP Limited）在香港成立，標誌着開放合作運動在地實驗的新嘗試。

第一章提到，追本溯源，香港新一波的社區經濟項目始於 2000 年初。當時，樂施會香港項目部提供不少支持。筆者於 2004 年出版的《不是烏托邦》，便記錄了聖雅各福群會、香港婦女勞工協會和勞資關係協進會等機構的工作，當中不少是通過合作社模式運作。同時在樂施會支持下，促進消費和生產者對話合作的公平貿易運動，亦有了長足發展。

市民反思，促使良心消費普及

不少公平貿易機構如公平點及公平棧等，均以社企方式營運，在社會和經濟效益間取得不錯平衡，可說是香港較成功的社企例子。面對主流市場經濟的不公平，大集團、企業壟斷變本加厲，市民開始有深刻反思，促使良心消費運動普及。

2012 年香港社會經濟聯盟（詳見第一章 1.3）的出現，可說是各類活動從社區走到社會的重要標誌。它源於香港理工大學一個研究項目，其後參與項目的學者和機構，深感有需要進一步組織，並進行更廣泛的政策倡議及公眾教育，務求把良心消費成為市民日常生活的一部分。這個想法便衍生出日後誕生，第一章曾提及的天經地義生活館。

生活館於 2014 年成立，由以下九個成員所組成。它們的合作，孕育了一個跨平台的新合作模式。

■天經地義生活館。

- 小農正品；
- Incu-Lab · 創格工房；
- 關注綜援低收入聯盟；
- 公平點；
- 香港婦女勞工協會 · 團結升級再造合作社；
- 聖雅各福群會 · 時分天地；
- 聖雅各福群會 · 土作坊；
- 香港理工大學 · 社經行動組；
- 健康工房屬下的非牟利公司「覺念自然」。

位處樓高四層的二級歷史建築

生活館位處一幢建於 1932 年、樓高四層的戰前樓宇二樓，是市建局的活化古蹟項目之一，被古物古蹟諮詢委員會列為二級歷史建築。它屬於香港社會經濟聯盟的實體空間，並由社聯以「優點」(Good Point) 的名義管理及營運。地舖是「覺念自然」營運的「五季禪食」，主責提供時令的健康素食，並發揚傳統中國食療智慧及尊重自然生態。

生活館提倡一套從生產、分銷到消費（產——銷——消）的整全健康生活概念。整個空間同時設有零售區域及多用途活動室，除了銷售本地時令農產、本地製作食品、公平貿易產品及手工藝外，還可作為工作坊、座談會、電影分享及社區導賞團的場地。[註1]

生活館務求實踐經濟公義及推廣健康飲食文化。透過實踐參與式經濟、推廣公平貿易、社區參與及推動社會創新，並關注土地與環境及生態經濟的可持續性，同時促進社會多元文化發展。

生活館致力推動八大原則

1. 天地養生、不時不食、傳承中國傳統哲學；
2. 推動環保、有機飲食及生態種植，讓土地持續發展；
3. 肯定農產業和生產者的價值，推廣公平貿易及經濟公義；
4. 推動多元文化、重新展現民間生活智慧；
5. 連結社區羣體、重建和諧互助的社區關懷；
6. 培育年輕人、推動社會創新；
7. 推動傳承和保育工作、從建築到生活到生態；
8. 配合中國傳統哲學和香港獨有環境，着重研究、創新、教育及多思維知識的傳播。

共同承擔租金和勞務，互補不足

生活館以平等互惠方式共同營運，已具備合作運動的雛型。但畢竟只限於花墟一個地點，較集中售賣九個團體所提供的產品，覆蓋面仍有限。

九個機構各自具備不同專長，能互補不足、互通有無。由於彼此共同承擔租

■ Good Lab 能助年輕人實現創業夢。

金和勞務，適當地攤分營運風險，提升了生活館的生存力。生活館已超越零售點功能，成為了社區市集，並以多面向的經濟模式，對應目前單一主流的市場經濟模式。它凝聚了一班支持實踐社會經濟的人，在不同層面進行推廣和倡議，匯聚成一股社會運動的嶄新力量。

家家士多有不少生活館的影子，同時又有顯著差別，稍後的篇章將會解說。自 2013 年一班有心人參加了社聯的考察團後，與 iCOOP 一直保持聯繫。到了 2015 年末，曾推動成立生活館的香港社會效益分析師學會創辦人阮耀啟博士，開始與 iCOOP 洽談合作的可能，期望將韓國的合作運動引進香港。

恰巧在 2016 年初，Good Lab（好單位）創辦人黃英琦與太子儷凱酒店的業主磋商，除了 Good Lab 目前已租用的五樓外，研究可否讓其他社企進駐酒店其他樓層。結果，在酒店一樓意外地找到了落腳點，順利推展上述與 iCOOP 的合作計劃。

沒固定工作桌的 Good Lab

在此，先介紹一下 Good Lab，因為下文介紹的壹樓共同社（Portland Commons），某程度上也承繼了不少 Good Lab 的遺傳因子。

Good Lab 位於長沙灣，是一片面積二萬平方呎的共享工作空間（co-working space）。(註 2) 內裏沒有狹窄的板間房，也沒有固定工作桌，會員每天想坐哪裏也可以，像家也像咖啡店。它的目標，是讓社會創業者與各行各業的朋友連結，建立互助和創新網絡。除了辦公桌、免費上網和咖啡，空間會長時間開放，並定期舉辦多樣化的講座和工作坊，讓更多人明白社會企業和社會創新。Good Lab 以社會企業模式運作，收入來自會員費用和活動收費，期望能儘快自負盈虧。

Good Lab 的會員稱為創革者（changemakers），相信行動可改變社會。當中，有人憧憬一個零廚餘世界、有人希望小丑藝術能令弱勢孩子開懷、有人努力設計具社會意義的 App，也有人在推動兒童藝術、公平貿易、有機耕種、義工旅遊、民間工藝及創新老人服務等。此外，也有未有清晰意念的會員，希望在 Good Lab 受到感染和啟發。

共享工作空間是這年代的嶄新工作模式，能有效解決創業成本高昂的困難，也能協助開展社會創業項目。在香港大多數年輕人都是打工，甚少人創業，就是因為成本太高，單是租金就嚇倒很多人。但時代在變，很多事情可直接通過互聯網處理，創業項目在早期也不需很大的辦公室，而創業所需要的跨界思維啟發、尋找拍檔和資金的機會、各方面專業指導和意見，都可在這個共享平台中找到。

位於酒店一樓的壹樓共同社

以下介紹的壹樓共同社，便有不少 Good Lab 的遺傳因子。這個和 iCOOP 合作的計劃，因着位處太子砵蘭街儷凱酒店的一樓，便以「壹樓共同社」來命名。

■壹樓共同社承繼了 Good Lab 推動共享空間的理念，圖中為共同社入口。

壹樓共同社簡介

1. 一個以食物、環境和教育為主題的共享空間；
2. 讓志同道合團體聚首一堂，推動合作運動和社會經濟發展；
3. 通過開放空間，實踐「**社區支持萬事**」(community support everything) 的自助自救信念；
4. 信念是因今天消費者有更高要求和智慧，明白「自己生活自己管」；在價值主導的年代，願意在消費和生活日常中，尋找更大自立自主、社會價值和意義。

> **社區支持萬事**
> 源於「社區支持農業」(community support agriculture) 一詞，原指消費者通過長期參與及合作關係，支持農夫生產健康安全的食物，互惠互利。後來泛指一切通過參與及合作所進行的經濟活動。

這個嶄新空間，除了有銷售 iCOOP 產品的家家士多外，一起共享這個一千五百平方呎空間的，還有綠腳丫親子讀書會主辦的長頸鹿繪本館、Portland Thinkers、SHY Dance Cafe 等機構。當中，綠腳丫主要舉辦以食物和農業為主題的親子活動；而家家學堂（Gagaschool）、每月書吧等機構，則致力擴大教育活動的覆蓋層面（詳見第三章 3.1）。

至於 SHY Dance Cafe，則在茶餐廳的基礎上引入韓國食材，設計出優質食譜（詳見第二章 2.4），並開放自己的設備，給家家廚房（Gagakitchen）作社區廚房用途（詳見第三章 3.2）。這種空間使用和合作模式，便是和生活館不同之處。

家家士多首先借助 iCOOP 的支持，引入價廉物美、健康安全的韓國食品，促進良心消費與日常生活結連，務求在主流壟斷市場外，讓消費者有真正選擇。此外，家家士多亦會引入公平貿易和本地食品，包括發展中國家的地方特產，以及本地有機農場的新鮮蔬果。

此舉一方面擴大了家家士多的產品種類和覆蓋面，也希望將「產——銷——消」的網絡本土化，讓消費者同時連結本地及外地的生產者，最終目標是令合作運動在地扎根，並逐步減少對輸入產品的需求，以及減少由食物消費所衍生的碳足跡（詳見第四章 4.2）。

家家士多簡介

1. 為香港註冊的非牟利組織，是一家推動良心消費和合作運動的社會企業；
2. 致力提供公平、健康、環境友善的良心食物和用品，連結本地及外地的生產者進行對話與合作，讓香港消費者在主流壟斷市場外有自主選擇；
3. 希望集合同行社員（commoner）和支持社員（supporter）的力量，推動「社區支持萬事」的理念和實踐；
4. 推行同行者／支持者計劃。

開放空間，讓不同功能打破局限

家家士多藉着由壹樓共同社建構的基本框架，已初步體現開放合作運動的一些特色。壹樓共同社作為共享空間，承繼了 Good Lab 推動社會創新的理念，一方面彈性靈活地利用開放空間，讓不同類型的功能打破局限，混雜交疊；又按不同時段分配用途，各得其所。

另一方面，不同功能和用途亦能隨機碰撞，迸發創意和創新業務。由此，壹樓共同社更像是個同儕共享和共同創造的平台。另外，近期同步冒現的一些共宅項目，亦為同儕共享注入了新想像（詳見第三章 3.4）。

空間共享這概念，主要源於筆者撰寫《共享城市》期間。當時參觀了首爾作為共享城市正在進行的各種項目，發覺它與西方的共享經濟概念迥異，更強調公共或半公共空間的共享。

顯然易見，在東亞地區的密集城市（compact city）發展模式下，城市空間資源一般都相當緊拙，創意空間使用方式層出不窮，用途多元混雜，令大家各取所需、各得其所。壹樓共同社正是基於同一邏輯運作，務求令不同夥伴和活動共冶一爐，善用每尺每寸樓面；同時又按不同時段作劃分，以滿足不同夥伴和活動需求，務求減少閒置空間。

外地本土產品共冶一爐

除了銷售韓國食品，家家士多同樣出售其他外地和本土產品。只要產品符合健康安全、公平有機等要求，又或起碼部分要求，家家士多均力求為它開拓市場渠道，為消費者提供高質素、多元化的選擇，並致力促進產品不斷改進。

特別是針對本地小生產者，家家士多把原本較分散的力量集合起來，協助大家尋找更開闊的共同市場空間。通過社區共購計劃，期望能將安全健康的食品，以較低價格售給基層市民（詳見第三章 3.6），是一個推動良心消費的開放平台。

集合消費者的力量後最顯而易見的結果，就是提供健康安全、公平有機的食物。家家士多計劃支持更多服務，例如香港互惠人才市場，配對家居照顧服務的用家和服務提供者。目前本港有一個名為 Around 的網上配對平台，致力於社區層面為人解決各類日常瑣事煩惱，如家庭用品租借和家居電器維修等，可見社會有一定需求。

除了支持良心消費，家家士多亦可能逐步演化成「社區支持萬事」的平台。之後提及的同行者／支持者計劃，將會是實踐此理想的核心機制。

以合作及共惠理念自助自救

韓國 iCOOP 發展十分成熟，香港未必能一下子可全盤複製，尤其是現存合作社和公開集資的法律限制。現在，家家士多只能像大部分社會企業般，以非牟利、無股本的擔保責任有限公司（company limited by guarantee）方式註冊；不過在機構管治和管理上，力求注入合作社元素和特質，並與 iCOOP 簽訂策略合作協議，共同推動開放合作運動。

家家士多以合作及共惠理念作為發展和營運基礎，致力建立沒大股東的共同體，以共同擁有形式，實踐「社區支持萬事」的自助自救精神，另外，亦秉持國際合作社聯盟的合作精神和原則，包括：開放自願、民主參與、財政投入、共享教育和資訊、自主獨立、體現協作及關注社區。

其中一個核心營運和發展模式，稱為「同行／支持社員計劃」(簡稱同行者／支持者計劃)，讓社員通過不同程度的資金投入參與良心消費。有興趣的社員更可積極參與及學習管理，例如支持不同小組活動，實驗共惠精神。

成立後的首年目標是招募五十名的同行者，每人出資港幣一萬元，然後每人可享有一萬二千儲值積分，每一分相等於一港元，可在二十四個月內隨時使用；而支持社員的年費則是一百元，購買家家士多的食物和產品時可享有九折優惠。

與眾籌相似，但不相同

向此計劃出資的同行者，只會用會費換取積分，再以積分進行「消費」。家家士多作為無股本公司，並沒有人持有任何股權，和現時市面上流行的眾籌模式，有不少雷同之處。但是，家家士多同行者所享有的權利和義務，顯然遠較眾籌參與者高。

所謂同行者，顧名思義，除了出資外，亦要長期身體力行支持開放合作運動，參與執行委員會轄下的不同小組、擔任義工，推動家家士多的發展，包括分店拓展、本地生產者連結、食物教育和共惠管理等。

仿效 iCOOP 的做法，家家士多亦特別強調社員的教育。同行者將可優先參與相關活動和學習，例如前赴韓國參觀位於求禮郡的 iCOOP 自然夢想園區，並在當地學習。此外，家家士多亦會為有興趣的同行者，舉辦合作運動和共惠運動課程，完成後可策動及籌劃更多合作或共惠項目，召集更多同行和支持者，開辦更多共同社。通過「社員——教育——參與」的良性循環，以開放平台的模式推動合作運動。

同行共惠，靠社員共同創造

所謂「同行・共惠」，前者是手段，後者是目的；前者是策略，後者是願景；若後者是千里之行，則前者便是始於足下。家家士多和同行者／支持者計劃的成敗，並不取決於韓國的支持，亦不是取決於創辦人的領導力，而是取決於所有社員是否坐言起行，願意共同創造。

隨着有更多人參與這場運動，累積更多在地實踐的經驗，距離實現共同體轉化的夢想便愈來愈近。

註

1. 詳見《再造香港》第七章。
2. 另見《共享香港》第二章。

【附錄】拾級而上，重拾日常生活的自主

／鄒崇銘

2016年11月21日香港家家士多正式開幕，iCOOP主席吳美豫（Oh Mi-Yea）從韓國遠道而來，除了擔任開幕主禮嘉賓，亦親身和我們分享iCOOP的工作經驗和最新資訊。

作為每年銷售額達五千二百六十億韓元（折合約港幣三十五億元）的iCOOP主席，吳美豫仍顯得很隨和與謙遜，説話聲調特別溫婉和親切，完全沒有韓國大媽常見的那種架勢。她不斷強調自己只是一個普通人，每天到超市買食物的普通消費者，最初關心的只是食物的質素和安全。參加iCOOP的義務工作之前，她對社會事務毫無認識。「合作社正是一場由普通人組織的社會運動。」她說。

這不禁令筆者想起香港的「社區自救」運動。在專制管治和地產霸權鋪天蓋地、無孔不入的今天，普羅香港人已失去日常生活的自主權。特別在雨傘運動之後，如何通過社區參與實踐命運自主，已成為一股嶄新的社會潮流。我想，這如吳美豫所説的一樣，是一場普通人的社會運動。

1. 絕不普通的普通人運動

iCOOP成功集合了數十萬社員的力量，通過良心消費的業務運作，讓大家重拾日常生活的自主。用我們較為熟悉的語言來説，此乃發揮了眾籌的強大羣眾力量；但iCOOP顯然又和眾籌有很大的差別，因為它強調社員不斷提升參與程度，最重要是提供了一條簡明的參與階梯，讓普通人也能通過經濟民主參與，在階梯上從低學起，拾級而上。

iCOOP的活躍社員只佔社員總數不到百分之一點五，看似比率不算太高。但這班骨幹，卻經常在各自所屬的社區參與策劃及推動各類聚會和活動，發揮合作社自下而上的積極發展動力。尤其是在性別歧視仍然嚴重的韓國，iCOOP正好讓主婦們走出廚房一展所長。吳美豫肯定地指出，這方面正是iCOOP的成功關鍵，亦是和韓國其他合作社的主要分別。

■iCOOP 主席吳美豫（左）。

2015 年，iCOOP 舉行了一千一百一十二次社員聚會，參與的社員數目有五千八百五十一人。正如吳美豫說，這些活動主要幫助社員了解 iCOOP 的產品，假以時日，社員自然想知更多關於食物生產的方法和過程，以及涉及環境和生態等更廣泛層面的議題。

她舉例說，有些聚會是介紹外表醜陋、但味道很好的食物，社員藉此認識在主流超市壟斷下，我們的選擇是如何被局限，大量優質食物被白白浪費了。iCOOP 設有活躍成員基金，支持社員參與各項交流及培訓活動，以及自發開展新的項目及活動。

之前篇章曾提到，iCOOP 難免觸及政策議題，例如 2015 年，iCOOP 便發動了針對基因改造的大規模食物標籤倡議運動，以確保消費者對食物成分的知情權。iCOOP 旗下八十五個成員合作社中，有多達七十六個，即合共一千五百六十七名社員，舉辦了二千二百一十二場倡議活動，透過諮詢會、論壇、食物分享和嘉年華會等模式宣傳相關議題。此外，iCOOP 又研究食物標籤，提出政策改革的具體建議方案，進一步深化倡議運動的訊息和成效。

2. iCOOP 極度重視教育

吳美豫提到，教育、培訓和知識的傳遞，是 iCOOP 的核心業務和根基。它的培訓同樣如階梯般拾級而上，從準社員、到新社員、活躍社員、理事，以至培訓師和 MBA 的課程，都一應俱全。

第一章提到，2012 年參與 iCOOP 教育課程的總人數高達七萬六千人；2015 年的最新統計，便有十一萬三千六百九十三名社員，參加了三十六項課程。另外，二萬七千五百八十三人參加了準社員的預備課程，以確保社員加入前都清楚認識合作社的理念。

iCOOP 又會因應不同崗位的需要，提供專門培訓，確保理事能勝任管理的職責。而其他專門課題，主要圍繞食物的相關主題，例如有食品安全、品質審計等，還有針對不同年齡學生、社員以至公眾的食物教育課題。

自 2006 年起，iCOOP 已設立合作社研究所，定期出版研究報告，推動合作社的普及化及相關政策的改革。2010 年與位於首爾的聖公會大學（Sungkonghoe University）合辦合作社的研究院課程，2014 年又和烏山市的韓神大學（Hanshin University）合辦社會創新課程。iCOOP 為兩所大學的學生提供獎學金資助，進一步深化有關社會經濟和合作運動的研究。

總括來説，iCOOP 是一場普通人的社會運動，成功關鍵是搭建一條參與的階梯，讓人人都可在其中找到自己的位置和責任，各取所需、一展所長。實際上，這是一個為社員充權的過程，打破主流經濟中消費者的被動角色，重拾日常生活的自主權，並最終匯聚成為一股改變社會的力量。

以上種種正是 iCOOP 特別之處，亦是對香港「社區自救」運動的最重要啟示。

2.3 同行者出錢又出力——家家士多經驗分享

／鄒崇銘

家家士多盼望有更多人加入成為同行者。

家家士多
GaGa Store
Partner with iCOOP KOREA

近期香港出現不同民間自治計劃，強調「以社會為中心」(society-centered) 的民間自治思維，即以眾包 (crowdsourcing) 和眾籌等方式，由民間組織民間資源、推動民間項目。

這顯然是香港「命運自主、社區自救」潮流下，一個重要社會發展的里程碑；但上一節提到的家家士多同行者計劃，卻和它有點不同。同行者計劃強調共同擁有，除了出資外，還要求同行者長期身體力行支持。這微妙而顯著的差別，值得再進深討論。這一節便分享家家士多推動同行者「出錢又出力」的經驗。

從單純出資，變身項目的擁有者

顯而易見，要求同行者每人出資一萬元，與一般眾籌相比不是個小數目。願意出資的人，大多已對計劃有較深刻認識，並願意作更大投入和承擔。在這基礎上，家家士多推動共同創造——同行者有機會突破消費者的被動角色，投身前文曾提及生產和消費者混雜的產消家角色，甚至發起及策劃新的合作或共惠項目／共同社，真正實踐共同擁有理念。

從單純出資再變身成運動或項目擁有者，確需要邁出很多步。按家家士多和壹樓共同社的經驗，若要求每名出資者都投入大量時間和心力，毋疑是不設實際，他們亦未必有興趣策動及籌劃新項目。同行者計劃正好提供必要平台，讓較主動的同行者擔任新項目發起人，將較易召集和發動志同道合的人，集合各類資源和才能。

假如同時出現大堆新項目建議，發起人便需通過某種內部市場 (internal market) 機制，藉良性競爭爭取足夠同行者支持，並在過程中不斷完善新項

實物支付

或稱以物易物（barter）。經濟學家亞當．斯密（Adam Smith）的《國富論》（*The Wealth of Nations, 1977*）指，原始社會通過實物進行交易，你拿十斤橙來想跟我換一對鞋，而我拿三對鞋卻想和他換一頭羊……於是人類聰明的祖先便發明了貨幣。

但正如著名人類學家 *David Graeber* 在 *Debt: The First 5,000 Years*（2011）中一語道破，從來沒有任何信史或考古學證據能證明，貨幣曾經在某一遠古時空客觀存在過！也就意味關於貨幣起源的這段「遠古歷史」，似乎只是經濟學家杜撰出來哄人的神話！

目的設計。無論作為新項目發起人或支持者，同行者皆會較一般眾籌的出資者，有更相近的價值和信念，大大增加落實新項目的機會。

通過實物支付，加入同行者行列

但有一個問題不容忽視，就是不少有志參與合作或共惠運動的人，未必有能力出資一萬元，同行者計劃豈不淪為中產階級的玩意？對此，確實有需要逐步引入**實物支付**（payment in kind）模式，讓未能即時支付現金的參與者，通過繳付產品或服務以代替現金支付，以助他們加入同行者的行列。但問題是，究竟提供多少產品或服務，才能兌換成一萬元或一萬二千分積分？應該以成本價、批發價抑或是零售價計算？這是個不易解決的難題。

試設想，家家士多在首年召集五十名同行者，第二年再召集一百五十名同行者，第三年再召集三百名同行者，便可籌集最少港幣五百萬元資金；若再加上其他配對資金，更有可能募得八位數字金額。這筆為數不菲的資金，如何才能最有效地推動合作或共惠運動呢？以下，筆者是對未來發展的不同構想。

構想 1　增加分銷點

這些資金足以推動家家士多於三年內，在全港不同社區開設五、六家分銷點／共同社，數百名同行者仍主要以消費者身分，成為推動香港良心消費運動的關鍵力量。

構想 2　增新社區新項目

不主動開設分店，反而是通過社會投標（social tender）和社會特許經營（social franchise）模式，公開召集合作及共惠的新項目，以激活同行者在各社區的自發動力，創造出多元化的營運模式和組合，並令各社區出現多逾十個項目點／共同社。除了家家士多與同行者／消費者之間的單向銷售，亦將冒現較多項目點／共同社之間的橫向交易，互補長短、互通有無。

構想 3　擴大運動規模

新設的項目點／共同社，不但可向同行者募集資金，同時更可因應不同營運模式、產品及服務組合作抵押，發行新的積分，不斷擴大合作及共惠運動的規模，超越同行者集資額（即以港幣為抵押）的限制。

但此舉也面對不易解決的難題，就是如何評定按多少產品或服務，而發行多少數量的積分呢？又會否出現產品或服務數量過少，又或積分過度發行的情況，反過來干擾具體營運呢？

毫無疑問，上述構想至今仍只停留在紙上談兵的階段，仍有不少疑難需解決。未來出現的具體方案，不限於家家士多創辦人的原初設計，還是眾多同行者的共創結果。

同行者積極參與，固然對合作社的未來發展打下強心針，但若然連前線員工也獻身落力，發展前景便更明朗。

【附錄】民間自治計劃宣言

／方志恒

所謂同行者共同創造，簡言之就是民眾的力量。在後政改時代，一股沉重的無力感籠罩我城——當人大 8.31 決定封殺了真普選之路、當政府成為了荒謬無能的代名詞、當權力魔爪正全面地操控香港之時，面對社會的種種問題，香港人似乎找不到改變的方法。

這種沉重的無力感，其實源於一種以政府為中心（government-centered）的國家主義思維，認定社會問題只能由政府來解決。當政制改革變得遙遙無期，香港人也似乎失去改變社會的希望，但香港人真的只能圍着政府團團轉嗎？

民間也有能力聚集和分配資源

政府的本質，除了軍警、執法、徵税等強制力外，最根本就是透過聚集和分配資源，解決各種社會問題——但如前文所述，其實民間社會也同樣有能力，發揮聚集和分配資源功能，關鍵是香港人要建立「以社會為中心」（society-centered）的民間自治思維，以眾包和眾籌等資訊科技為槓桿，由民間組織匯聚民間資源推動民間項目。

民間自治計劃就是一個「以社會為中心」的公民參與平台。我們的宗旨，是以眾包和眾籌等科技，無償支援民間團體推動項目，以實現「民眾自己動手，一同解決問題」的民間自治想像。

七十年代，捷克經歷過「布拉格之春」（Prague Spring）被鎮壓和《七七憲章》（Charter 77）運動後，全國籠罩在威權政治的低氣壓下。但著名異見者哈維爾等人並未放棄，提出要建立起獨立於國家體制的平行結構，包括平行的工會、大學、文化藝術團體等，務求在體制以外的民間社會，實現民眾自我管理，並一點一滴地孕育自由民主力量。這段長達十多年在體制外的頑強抵抗，成功為後來的「天鵝絨革命」（Velvet Revolution）埋下種子，最終促成捷克變天。這是值得港人深思的故事。

實踐自己香港自己救精神

民間自治，是在政府和議會外，有待香港人開拓的政治藍海；也是在國家權力網下，可讓香港人積存實力的自由綠洲。

在可見將來，要推動真正改變，香港人不能單寄望政府，只能寄望民間社會。只要不再圍着政府團團轉，敢於建立植根社會的民間自治意識，就能化被動為主動，在政制局限下尋找革新保港之路，真正實踐自己香港自己救的精神。

（文章節錄自「民間自治計劃」網站）

作者簡介

方志恒為香港教育大學香港研究學院副總監。

2.4 股東並作前線員工——SHY Dance Cafe經驗分享

／韓江雪

SHY Dance Cafe 是徹頭徹尾的私營企業。

SHY
Dance Cafe

如前所述，壹樓共同社作為一個共享空間，先天已屬於典型的共同創造和開放合作模式（詳見第二章 2.2）。作為一個擁抱創新意念的空間共同體，它更是個迸發創意和夢想的催化器。我若非親身參與和經歷過它的實踐過程，感受過夥伴間的互動磨合，實在做夢也很難想像到其驚人的潛力。

產權

在一般常識中，產權（property right）和擁有權（ownership）並無分別，但其實後者含意遠較廣泛。正如 2009 年諾貝爾經濟學獎得主 Elinor Ostrom 指，很多情況下即使人們沒產權，仍可局部對該產品行使某些權利，如不少私人擁有的場所，均須開放給公眾使用或作過路之用，不能將它圍封。在西方法律傳統稱為用益物權（usufruct）。

社企／私企傳統二分法造成偏見

當家家士多把自己定位為「推動合作運動的社會企業」，不少朋友總會提出質疑：為何一定要以社企面目視人？為什麼不能用產品和服務吸引消費者？

其實除了家家士多外，作為壹樓共同社成員的家家學堂、家家廚房和長頸鹿繪本館，也不約而同是走社企道路。唯獨是脱胎自深水埗名店「新香園蛋牛治」的 SHY Dance Cafe，卻是徹頭徹尾的私營企業——誰知這種「社企／私企」的傳統二分法，亦只是因我們的偏見和成見所造成。在它開業後，我才有驚人發現。

若不是 SHY Dance Cafe 的文生哥哥（Isaac）（早年兒童節目《閃電傳真機》的角色吱吱鼠和《至 Net 小人類》的主持人）偶然提起，我還以為 Cafe 只是以一般加盟店形式、招攬小投資者合夥經營。其實，它是以時下流行的眾籌方式成立，公開募集為數十多人的投資者，共同擔當 SHY Dance Cafe 的小股東。因此，從**產權**分佈的角度看，儘管不能將它理想地變成合作社，卻是朝着合作化發展的加盟店模式前進。

僱員股份擁有計劃

通過低息貸款，協助企業僱員集資回購自己公司的股份，然後通過盈利的分紅來清還貸款。

前線員工作小股東，提高工作動力

眾籌形式已相當普及，不算什麼新鮮事物。但 Cafe 部分小股東，同時又是維持店鋪日常運作的前線員工，這點卻令我非常驚訝。據文生哥哥說，由於現時飲食業招聘員工困難，年輕員工流失率嚴重，欠缺誘因促使他們委身作長期發展。募集小股東並作前線員工，可大大提高工作動力，並一同分享努力成果。從這角度來說，SHY Dance Cafe 無疑也是一家共同創造和共同擁有的企業。

這點看似微小的發現，卻有非比尋常的理論和實踐意義。因它和美國經濟學家凱爾索（Louis Kelso），在五十多年前提出的**僱員股份擁有計劃**（Employee Stock Ownership Plan, ESOP）異常相近。其後，英國綠色經濟學家舒馬赫（E. F. Schumacher）和瑞典著名經濟學家、北歐社會民主體制奠基人邁德納（Rudolf Meidner），皆曾提出相近的社會改革方案。尤其是後者的論述，差點便成為瑞典的官方政策，把經濟史改寫。故此，「社企／私企」的二分法，也就顯得不再如此涇渭分明。

當有更多的寶貴實踐經驗分享，便吸引愈來愈多人加入這場運動，朝着共享願景邁進。

【附錄一】進深理論1——從病毒到變種營銷

／鄒崇銘

本書牽涉不少理論，鼓勵有興趣的讀者繼續進深探索下去。首先介紹的進深理論，是病毒營銷（viral marketing）及變種營銷（mutational marketing）。

儘管壹樓共同社把自己定位為「一個以食物、環境和教育為主題的共享空間」，但卻由背景迥異、五花八門的夥伴機構組成，難免會引起類似疑問：各種功能會否過於混雜？以致形象模糊不清？

毋庸諱言，這固然是創辦人選擇走這條路時，須面對的現實挑戰。與此同時，卻不難想像正是這種混雜和模糊的處境，才能衍生非一般的動態界外效應（dynamic externality 或 Jacobs externality）。若以流行用語説：亂世出英雄、有危便有機。

互聯網用家是主動的傳播者

眾所周知，在互聯網普及的資訊社會，資訊爆炸與疲勞（information explosion and fatigue）成為營運管理的最大挑戰。注意力經濟與注意力匱乏（attention deficit）等名詞，清楚説明市場競爭的嶄新規律，在於如何吸引、維持和擴散消費者注意力。這是資訊社會中企業營銷的不二法門。

隨着近年 Web 2.0 和社交媒體興起，病毒營銷更成為嶄新趨勢。互聯網用家不再是被動的資訊接收者，而是主動的傳播者和分享者（sharer），共同創造出如病毒感染般的資訊爆發（information epidemic），令營銷訊息以驚人的速度散播蔓延。

正如資訊科技研究者 Weng, Flammini, Vespignani 及 Menczer 於 2012 年指出，病毒營銷研究往往只關注單一訊息（或病毒）的傳播周期，包括它的迅速冒起和殞落，卻鮮有注意到多重訊息同步爆發，互動博奕下此消彼長的動態發展。[註1]

如八仙過海，共創龐大營銷效應

筆者可大膽推論，壹樓共同社作為多元開放的共享空間，不但能藉着不同夥伴的能量，在短期如八仙過海般，通過結集社交和大眾媒體的力量，共同創造出相對龐大的營銷效應，在線上線下皆成為口耳相傳的話題，同時也能重複創造浪接浪的資訊爆發（information epidemic waves）。藉着不同夥伴迴異的產品和服務組合，令壹樓共同社的形象不斷推陳出新，維持連綿不斷的高曝光率。

原來分散的粉絲羣體，通過社交媒體相互對接和交疊，進一步令資訊向四方八面廣泛擴散。與其說，它類似病毒爆發的狀態，倒不如說更像病毒變種（viral mutation）的更替效果。

簡單來說，大家在同一地方放置多元化的產品，各自的粉絲在不同羣體中高談闊論，令產品有機會在不同羣體中亮相，混雜和模糊的訊息不斷在新羣體中滾傳，因而陸續觸動了一大班本來無關的人士，對這些「新事物」產生興趣。

如此說來，壹樓共同社實在有潛力為病毒營銷帶來新啟示：營銷策略的重點不再放在單一訊息的周期，而是不同訊息組合的連續蛻變和更替。在資訊爆炸與疲勞的大環境中，訊息浪接浪動態的變種和適應過程，焦點不再放在訊息（或病毒）本身，而在於訊息與訊息（病毒與病毒）動態的繁衍和接力（relay）。

由此，病毒營銷將來會否改稱接力營銷（relay marketing），或變種營銷亦未可料。

註

1. Weng, L., Flammini, A., Vespignani, A., & Menczer, F.（2012）. 'Competition among memes in a world with limited attention.' in *Scientific Reports*, 2: 335. London: Nature.

【附錄二】進深理論2——動態界外效應

／鄒崇銘

美國都市運動家 Jane Jacobs 的城市研究名著 *The Death and Life of Great American Cities*（1961）十分出名，但其城市經濟學著作 *The Economy of Cities*（1970）和 *Cities and the Wealth of Nations*（1984），卻一直鮮為人知。

直至芝加哥學派代表人物、諾貝爾經濟學獎得主 Robert Lucas 在 1988 年發表有關人力資本的重要論文 'On the mechanics of economic development.'，直言其理論乃深受 Jane Jacobs 所啟發，得以解開了困擾經濟學家的創新增長源頭之謎。

之前所提及的動態界外效應等述語，自此便不逕而走。（註 1）這部分便介紹 Robert Lucas「解開了困擾經濟學家的創新增長源頭之謎」背後的一段小插曲。

即興和隨機的經濟實驗才是關鍵

Robert Lucas 被指對 Jane Jacobs 的理解，極盡斷章取義甚至是蓄意誤導，甚至硬搬亂套在新古典主義和微觀經濟學的論述之中。

正如在 2006 年 Jane Jacobs 百年歸老後，其追隨者 Desrochers 及 Hospers（2007）指，Robert Lucas 由於無法解答為何高增值行業，總是匯聚在紐約等成本最高的地方，才借用 Jane Jacobs 的理論來打圓場。「但必須指出的是，Robert Lucas 基本上並無觸及 *The Economy of Cities* 的內容，又或 Jane Jacobs 任何關於訊息轉移過程的具體描述。對於那些並不熟悉 Jane Jacobs 的讀者，還會誤以為她在談論城市如何變成一所巨型大學。」（註 2）

而對 Jane Jacobs 來説，即興和隨機的經濟實驗才是整個過程的關鍵機制。這也是推動開放合作運動人士，踐行時所需要明白的簡單道理。

（文章節錄自鄒崇銘、韓江雪、易汶健（2014）：《以銀為本：七評香港的產業及人口政策》第四章。香港：印象文字。）

註

1. Lucas, R. E.（1988）.‘On the mechanics of economic development’. *Journal of Monetary Economics*, 22: 3-42. Amsterdam: Elsevier B.V.. 文中花了一整節 Cities and Growth（pp. 35-39）來討論 Jane Jacobs 理論的重要性，卻完全沒有任何對 Jane Jacobs 的引述。根據 Google Scholar 網站的統計數字，Robert Lucas 此文獲得多達逾一萬九千篇論文引述。
2. Desrochers, P. & Hospers, G.J.（2007）.‘Cities and the economic development of nations: an essay on Jane Jacobs’ contribution to economic theory.’. *Canadian Journal of Regional Science*, XXX, 1: 115-130. Montreal: Canadian Regional Science Association.

第三章
改變現狀

一同想像我們的共享願景

「一枝竹仔會易折彎，幾支竹一扎斷折難，孤單實太慘，團結方可免禍患……大眾合作好相處，千斤一擔亦不辭，齊集羣力無猜忌，一切都好順利。」

五十年代中，粵語片《家和萬事興》主題曲〈一枝竹仔〉歌詞已把社羣力的基本想法闡明。近年，經一些有心的香港人努力，在衣食住行各方面踐行共享合作，發覺確實改善了生活，讓擔子變得輕省。共享願景漸露曙光，你有興趣加入嗎？

在這一章，將會介紹本港就衣食住行等各方面的共享生活願景和實驗。

photo by TdDie Image / Shutterstock, Inc.

3.1 共學願景

同閱讀——綠腳丫式自我繁衍學習平台

／鄒崇銘

圖為位於壹樓共同社、由綠腳丫創立的長頸鹿繪本館。

假如你沒有年幼子女，未必會聽過綠腳丫親子讀書會。綠腳丫自 2013 年創立，正式制度化運作不消幾年，已吸引香港成千上萬家長注意，如在教育界投下具威力的炸彈。

創辦人柯佳列（Kenny Or）原是小學教師，其後任職香港教育城，2015 年起全時間投入綠腳丫工作。沒有 Kenny，便不會有綠腳丫。全盤策略和發展模式，都在他一人的腦裏；可是，綠腳丫卻維持在異常鬆散的網絡狀態。看似自相矛盾，到底是什麼一回事？

綠腳丫——平台合作運動典型例子

剛好也是 2013 年，編著《共享城市》和《共享香港》時，筆者通過網上協作平台綠活地圖（http://www.wherevergreen.hk）創辦人林麗珊認識 Kenny。當時截稿在即，只能在書中提及綠腳丫的名字而未詳細介紹。至今一般大眾對綠腳丫的認識，仍只限於媒體報導消息，鮮有深入探討。

2015 年初，兩位香港理工大學社會政策專業的同學，首度以共享經濟框架，對綠腳丫進行初步研究。

在 2014 至 2015 年，全球牽起反思共享經濟，冒現開放合作運動、平台合作運動等新名詞。我們方如夢初醒，發現綠腳丫本來就是開放／平台合作運動的典型例子。共同創造和產消家概念，一直植根於綠腳丫的既有發展模式之中。

綠腳丫培育世界公民的使命

1. 正面親子文化實踐；
2. 提升親子閱讀風氣；

3. 推動家庭力量再造；
4. 參與社區營造運動。

願景

親子同樂，也能創造社會價值。

綠腳丫核心精神

共樂、共學、共創、共用、共融。

鼓勵「no manual 世代」體驗現實世界

按 Kenny 描述，千禧年後出生的孩子，大多都是由電子產品及互聯網伴隨成長。他們對大部分電子產品，毋需説明書即可研究出用法，戲稱為「no manual 世代」。家長不用擔心孩子跟不上科技，反而要處理他們過早沉迷數碼世界的危機。綠腳丫希望，即使孩子暢遊網絡世界，也要多體驗現實世界和自然，多動手做事（manual task）成長才全面。

綠腳丫提倡「走讀」，讓家長和孩子帶着繪本去認識真實世界。很多孩子放棄上各種興趣班，才有空參加有關活動。很多人以為，孩子是活動中的最大受益者，但其實家長才是。不少家長參加後都成為義工甚至是組織者，獲益可能比孩子更多，反過來在日常生活中影響孩子。

家長參與綠腳丫的幾種形式

1. 旁觀者

在網絡上留意綠腳丫動態，透過閱讀綠腳丫的宣傳，了解香港的多樣性。

2. 參加者

直接參與綠腳丫的活動。綠腳丫非常強調活動給家長內心的觸動。很多家長在活動中重新發現了自己，並成為了義工。目前綠腳丫有故事、攝影等義工分隊可供選擇，家長不論有什麼技能都有機會作出貢獻。

3. 項目統籌

參與議題設計、活動策劃等。綠腳丫是家長參與社區計劃的培訓場。社會過往浪費了不少家庭力量，家長本身有人際網絡，他們的人生經驗也是優質的資源，可協助推行很多社區計劃。

將露營場地當作社區來規劃

所有參加綠腳丫活動的家長和孩子，都真心認同其理念，有需要時會及時伸出援手。之前，曾試辦一次六百多人的大露營，需租借和搬運各種器材。很神奇，義工隊伍裏居然隱藏了音樂高手，甚至能提供活動所需的音響設備！

更神奇的是，大會不需為票務問題發愁。他們採取令人叫絕的辦法，就是將整個露營場地當作社區來規劃，劃分為二十二條村，然後招募二十二位村長，由村長去招募各自的村民。只花一個晚上，就解決了超過六百人的票務問題！當家長自願報名當村長後，組織活動能力大大提升，往後可自組類似活動。

由於活動非常受歡迎，在網上發佈後便很快額滿。於是 Kenny 決定鼓勵他們在自己生活的社區，去建立地區版本的綠腳丫 ——「自己動手，豐衣足食」，為推動讀書會文化踏出重要一步。

舉例，住在元朗的家長毋須跑到灣仔參加活動，而直接在區內設立讀書會。Kenny 和綠腳丫一眾夥伴對此大力支持，將「獨門秘笈」無私地介紹給有志設立地區讀書會的家長。非常有趣的是，所衍生出的地區讀書會並非綠腳丫分支，彼此的關係平等。2014 年誕生的十多個地區讀書會，形態完全不同。Kenny 認為這是最大的成就，盼望有朝一日綠腳丫不必再存在。

家家學堂——推動廣泛綠色生活

在壹樓共同社的共享空間中，除綠腳丫親子讀書會主辦的長頸鹿繪本館，還有另一家新機構——家家學堂進駐，推動覆蓋層面更廣泛的綠色生活，以及世界公民教育活動；更旗幟鮮明地自我定位為開放合作平台，與壹樓共同社其他成員共同推廣共享和共惠運動。

目標

1. 為公眾提供好玩、生活化的課程，讓大家學習在生活中令自己、他人、社會和大自然變得更快樂、環保、永續、平衡；
2. 提供平台讓人交換智慧，引發跨年齡、性別、階層、文化等交流，讓人共學同樂；
3. 為本地非營利組織提供 crossover 平台，讓大家研發更多關於食農（結合「食育」與「農育」兩個理念）、環保、正念和共享的有趣教育點子；
4. 與壹樓共同社其他成員，共同在香港推廣共惠運動。

每個人都有智慧可分享

作為一個社區共學平台，家家學堂將採取加盟成員模式運作，讓各組織按各自專長，一起構想新的公眾／社區／食農教育途徑，集合力量將品牌推廣，把社會營銷工作做得更好，發掘更多新合作對象和羣體，以獲取更多了解和支持。

家家學堂以五大概念——食農、環保、慢生活、婦女和親子作買點，並將所有課程和活動歸納為針對食物的「口口學堂」、針對孩子的「育育學堂」，及強調生活態度的「休休工作室」三大版塊。

家家學堂相信每個人都有智慧可分享，可成為別人的學習對象，致力讓被排除在主流聲音以外的羣體，如兒童、青少年和弱勢羣體充權，鼓勵大家分享自己的智慧，讓各自的聲音被人聽見。學堂除舉辦收費活動及課程外，亦有辦免費活動和分享會，為太子一帶的社羣舉辦共享共惠的免費社區活動。

智慧在社區上呼喊

除綠腳丫和家家學堂外，壹樓共同社還有另一個社區共學平台每月書吧，形式類似台灣的哲學星期五，藉學術觀點洞悉最新社會趨勢。除了壹樓共同社以外，社會上還有脱胎自流動民主教室的流動共學，以及由本土研究社發起的香港民間學院等，分別在葵涌和灣仔開辦各類民間課程。

上述皆是近年共學趨勢冒現的新產物，讓更多人可獲取知識和智慧。未來發展要拭目以待，盼望能協助更多人孵化夢想。

3.2 共廚願景
好煮意——給巧手廚師孵化夢想

／胡夢蝶

家家廚房讓廚藝了得者有發揮平台。

家家廚房是家家族羣的一員，同樣是針對實踐合作運動的實驗。香港人愛好飲食，但近年舖租高，發展受到不少限制。食物多元化、價格相宜、健康美味的店子愈來愈少。同樣地，一羣煮得一手好菜餚的廚師亦缺乏發揮「好煮意」的渠道。

有些人選擇做私房菜，但並非每個人的住所都適合設宴；有些人選擇受僱做廚師，卻難以展開創業夢；有些人甚至放棄夢想，白白浪費了烹飪的才能。像筆者接觸過的一位廚師，他曾任職數間著名餐廳，累積了豐富經驗，喜愛以健康食材研發多元菜式，一直想開設餐廳。但她來自基層，缺乏資金和機會，故一直未能實現抱負。

家家廚房又如何提供幫助呢？主要有兩大部分：分別是配對（matching）和孵化（incubate）。

配對——餐廳廚房善用閒置時段

家家廚房是一個連結閒置廚房和家廚的配對平台。家廚大多有正職或是主婦，現階段未能全時間在餐廳工作。家家廚房便提供試點，讓他們借廚房在一些時段彈性地開業，一展所長兼賺取收入。

家廚有積極參與的動機，但閒置廚房又從何以來？近年舖租不斷增長，小舖也負擔昂貴的租金壓力，部分甚至難逃結業命運。其實，許多餐廳廚房都有閒置時段，這對餐廳來說是成本。像和家家廚房合作的 SHY Dance Cafe，以港式茶記食物為主，平日主攻早午市。當計算過食物類型需求和人力成本後，便決定大多日子放棄經營晚市。

設備齊全的廚房設施、附合標準的營業牌照、餐廳的間格和佈置……這些配置都一應俱全。家家廚房便把閒置時段配對給家廚。家廚既得到創業機會，而餐廳亦能利用原本沒有收入的時段賺取租金回報。

這種合作形式也能收推廣之效，因為不同時段有不同的菜式任顧客選擇。多元化的選擇加上多元化的客人，長遠來説可增加餐廳的吸引力，帶來協同效應。

孵化——和家廚一起成長

有心想開業的家廚，還要面對營運餐廳的困難。他們很多時要專心烹飪，未必懂得經營生意。我們希望家廚不單只靠廚藝賺錢，更可學習創業和自主。家家廚房按家廚擅長的菜式制定菜單和價格，並商討推廣方法。在初期會協助他們進行試宴，搜集客人意見後再改進和調整。

試宴中，家廚需計算成本、安排商戶供貨，並借用餐廳廚房的設備推出自家菜式。運用這種“pivot”的方法（即在創業前先把產品服務推出市場，以探索顧客反應和驗證市場。透過不斷調整和嘗試後，找出了最好的模式才重點推出），讓家廚可更有把握、不浪費資源地開業。家家廚房的模式是一種孵化的過程，和家廚一起成長。

家家廚房有別於一般食肆，努力推動健康飲食，並致力推介安全食材，於烹調過程中給予如家人一般的細心和關注。我們注重食材，同時亦重視推廣良心消費。商討菜單時，會儘量鼓勵家廚選用健康有機、經公平貿易、本地生產的材料，甚至直接連結食材生產者。有幾次宴會，家廚都採用了本地小農提供的有機赤道櫻草作沙律，價錢相宜且健康有特色，很受歡迎。

綠色飲食不單是中產的專利，基層也可得到環保和健康的選擇。

「共廚家作」和「你想煮意」

社會上，還有與家家廚房性質相近、最近很受歡迎的社企——「共廚家作」。「共廚家作」與家家廚房有別，主要提供到會服務。儘管也是利用閒置廚房，與餐廳進行協同合作，但較注重廚房硬件上的共享使用，而非廚師的個人手藝；此外，還有新成立的社企「你想煮意」，提供半製成家用食材為主，方便上班族回家煮食。

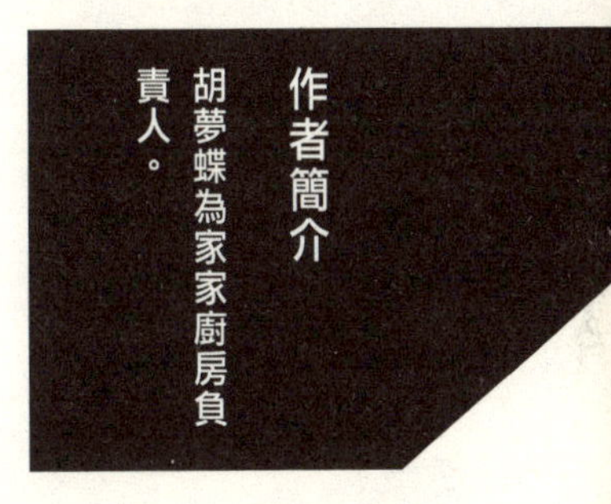

作者簡介

胡夢蝶為家家廚房負責人。

3.3 共作願景

手工匠——讓大家親手造自己的物件

／鄒崇銘

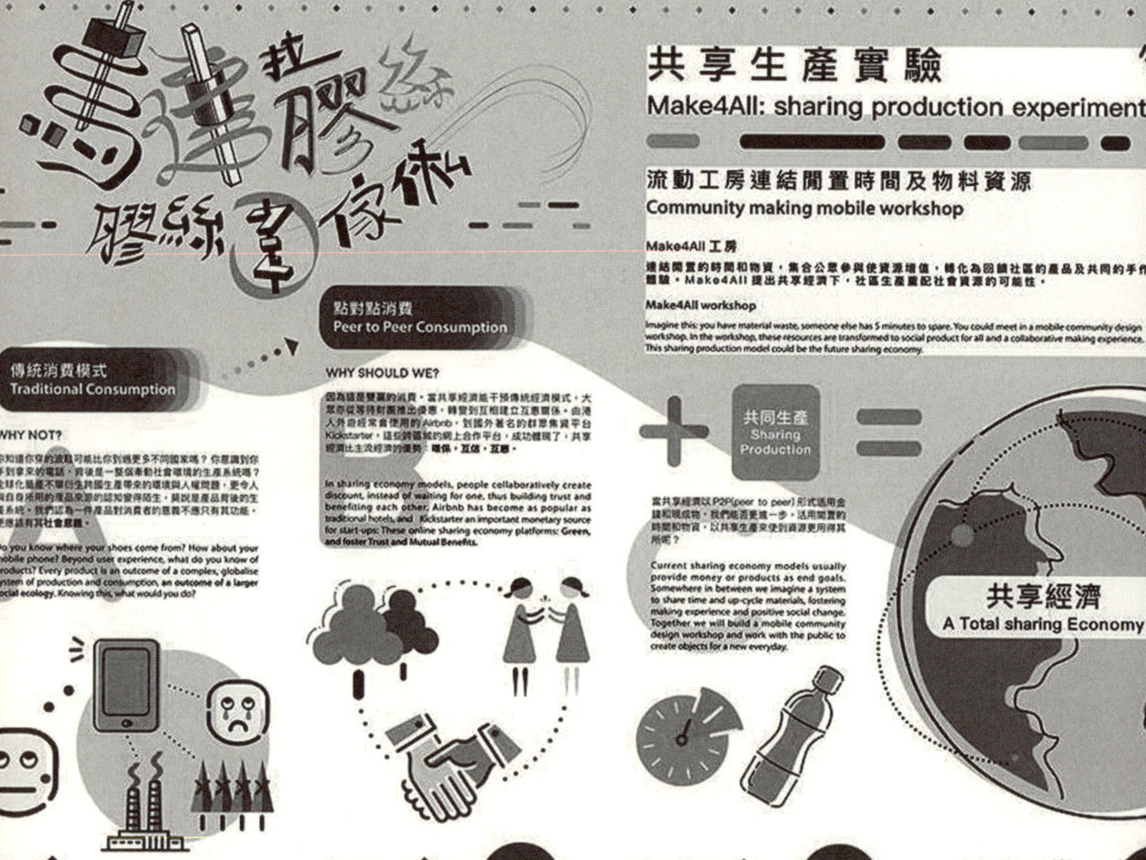

共享生產提倡連結閒置時間和資源。

創客

全球各地興起適切科技（appropriate technology），即耗用最少資源，就地取材加以發揮。這些新興社羣熱衷親身實踐，以分享技術、交流思想為樂，堅信可動手令自己豐衣足食，這正是 DIY 文化的延伸。

董啟章小説《天工開物・栩栩如真》中提及的董富記，源於其祖父在香港開辦的加工廠，專門生產縫紉機的零部件，見證六十年代製衣業的黃金年代。隨着香港工廠北移，董富記已於 1998 年結業，但它所位處的大角嘴塘尾道一帶，仍保存大量小型工廠和工作坊，為香港留下工業城市的記憶。從太子的壹樓共同社走過去，只需約十分鐘路程。

家家共作——讓市民實踐社區生產

近年香港又再重新興起手作和**創客**（maker）熱潮，手作市集如雨後春筍。2014 年在大埔生活書院舉行的自家祭墟市，可説是具標誌性的活動。其後土瓜灣的社區生產、油麻地生命工場的 REstore 和粉嶺的聯和手作村等，皆嘗試將技藝文化進一步承傳和開拓；2016 年，則有佐敦突破中心的 Trial and Error Lab。另外，也有位於油塘的 MakerBay，為創客提供工具和技術支援。

壹樓共同社所在的儷凱酒店有個二百多呎的小露台，究竟可否開闢一小片空間，把商舖和酒店生產的廢物升級再造？小露台的社區生產能力雖然有限，但作為教育和示範點豈不是很合適嗎？此外，又可否在此進行廚餘堆肥和天台種植？成立家家共作的點子，遂由此而生。

家家共作的基本價值，是將創客的技藝精神，結合循環再用的環保理念，讓普通市民也能在生活中實踐升級再造和社區生產，實行「自己的物件自己做」——更準確説法是：「大家的物件由大家做」。

永續栽培

一種源於澳洲的環境設計概念和方法，幫助人建立具生產力的環境，滿足糧食、能源、住房、物質和非物質的永續需要。

由「荒謬城市工作室」建築師佈置

家家共作首先找來「荒謬城市工作室」的建築師 Roselia，她剛好參加了香港建築師學會六十周年展覽。展覽完畢後，二話不説便把剩餘物資——一批高低錯落的鋼架搬到小露台佈置，用作設置場景。她又找來從事**永續栽培**（permaculture）的導師馬屎老師，從生態、環境和微氣候的角度，為陳設提供意見。

Roselia 首先在面向砵蘭街、陽光較佳的一端，栽種香草和食用植物，配以廚餘堆肥設備為植物提供天然肥料；又將種菜與養魚結合，利用魚糞澆菜，建立用菜莢餵魚的魚菜共生系統；餘下的鋼架，便用來種植需要較少陽光的植物。靠向後巷的一端由於有較大空間，可作戶外教育活動用途；但由於面對毗鄰大廈的通風口，故此要用竹籬笆和垂吊植物作屏障。

當然，以上各項皆只屬「佈景板」，只佔露台約四分之一的面積，餘下空間將留給日後加盟的夥伴，以探索各種升級再造和社區生產的方法，共創出更多可能。

馬達拉膠絲，膠絲圍傢俬

其中一個家家共作甚具合作潛力的夥伴，乃是來自理工大學設計學院的一羣學生，剛成立了一個名為 SD Open Ideas（SDOI）的社團，試圖集合創客、手作、閒置資源和升級再造等元素，在社區層面設立流動工房，探索共享及共同生產模式。

SDOI 首個項目取了一個古怪的名字：「馬達拉膠絲，膠絲圍傢俬」，鼓勵社區成員利用空閒時間和多餘膠瓶剁成膠絲，然後再一起將膠絲編織成有用的物品，取諸社區、用諸社區。項目主角是部小販木頭車，可機動地遊走大小社區和公共空間，隨時隨地招集街坊「拉膠絲」和「圍傢俬」。讓人可以輕易嘗試久違了的自家製體驗，但同時進一步把 DIY 轉化為 DIT（Do It Together）。

3.4 共宅願景

理想居——和陌生人分擔住屋重擔

／郭宇濠

Search Login

About Cohousing | What we do | Get Involved | Resources & Funding | News & Events | Connections

HOME / WHAT IS COHOUSING?

What is Cohousing?

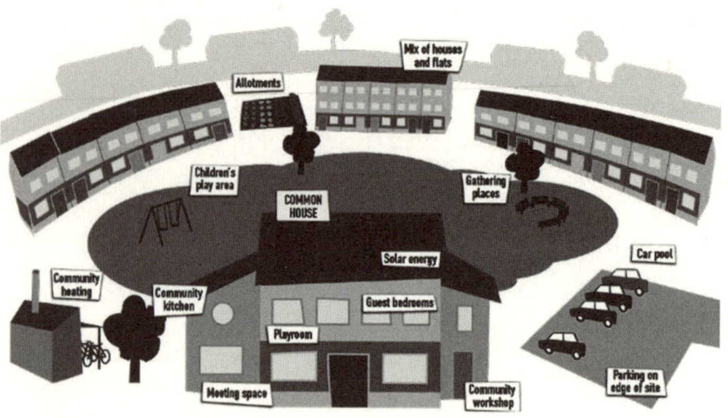

What is Cohousing?

Cohousing communities are intentional communities, created and run by their residents. Each household has a self-contained, personal and private home but residents come together to manage their community, share activities, eat together. Cohousing is a way of combating the alienation and isolation many experience today, recreating the neighbourly support of the past. This can happen anywhere, in your street or starting a new community using empty homes or building new. Cohousing communities are often formed on a basis a principles and priorities, such as:

About Cohousing

- Cohousing Properties Available Now
- What is Cohousing?
  - What is a typical cohousing community?
  - Is cohousing for me?
- Cohousing in the UK
- Cohousing Groups in the UK
- Visit Cohousing
- Research on Cohousing
  - ESRC Seminar Series
  - Seminar Schedule
  - Case Studies
- Press and Media
  - Cohousing in the News

Follow us...

UK Cohousing Network
@UKCohousing

Interested in Passivhaus? Still some spaces left for this weekend!

UK Cohousing Network 在英國推廣共宅理念。

擁有心儀的傢俬，當然渴望有理想的居所。

共宅概念有不同説法，參照一般歐美國家，是指由鄰里自行創造、自給自足和社羣互動的居住環境。共宅注重私人空間，居住者有自己的私人睡房，但除此以外，客廳、飯廳、洗手間，以至汽車、屋外任何設施都是共享的。居民要自行管理和設計如何使用、保養和維修，這些居住者稱之為共宅族（cohouser）。

共享不同設施除了可增進鄰里關係，還可改善人際及生活環境，並提升生活質素。對既有的空間和設施產生，可以有重新想像，例如廚房及飯廳的空間、客廳和玩樂區的空間、雜物房和客房的空間、兒童遊樂設施的空間，均可進行派對及種植等活動。[註1]

輪流做家務，其餘時間可休息

共宅族會共同負擔住所內不同的職責，如煮食、清潔、照顧兒童及長者等。當考慮職責時，一般人都會擔心分工不均，或擔心比自住還要做更多家務。製片人及西班牙 IE 商學院（IE Business School）講師 Matthieu Lietaert 引述其共宅經驗，説當每人輪流負責一項工作，相比自己打理家務更節省時間，有更多時間與家人相處。

一個共宅的社羣，約有二十至三十個家庭，大約每五星期輪流負責一次家務，其餘時間便可休息或從事其他工作。共宅者 Caecilia 説：「某些日子放工回家後，可節省煮食的時間，當值時我才負責煮食，平日便可坐下來休息。」[註2] 此外，居住者也能照顧鄰里的兒童及長者，而最寶貴的，是居住者定期有不同鄰里的聚會，讓各人建立更深厚關係。

目前，資本主義社會主要有兩個牽涉居住的問題：

1. 崇尚個人消費主義

我們已習慣追求個人消費，購買很多不必要東西放在家中，造成極大浪費，污染環境；

2. 房子淪為投資工具

把房屋從簡單的居住使用價值，變成交換價值的投資工具。當沒有政策管制，很多人從事由融資到再生產投資工具的行為，不斷炒賣，令房價及租金不斷上升，造成社會動盪。(註3)

Matthieu Lietaert 將共宅稱為一場運動——共宅運動（cohousing movment），目的是抗衡目前的資本主義都市文化，並應對上述牽涉居住的問題。這種想法，類似先前篇章曾提及的「去增長」，以嶄新想法和生活模式去抗衡社會現象（詳見第一章 1.1）。

在矛盾中尋找可行方案

2016 年 4 月啟動的本港社會企業「大桐共宅」，嘗試在香港實踐共宅概念，卻往往面對政策或房屋市場的重重問題。例如因政策問題，廢置的空間不能重新善用，並受制於房屋市場運作。即使業主有興趣嘗試共宅，亦面對機會成本的問題，很難在利益和理想之間作取捨。

目前，社會沒有能力解決弱勢社羣的住屋問題，如租金高、流動性高，租戶沒穩定居住環境、劏房環境惡劣等；此外，很多人又沒有能力自行照顧長者及兒童。(註4) 雖然，這些問題都不能一時三刻解決，卻可嘗試在房屋市場運作及共宅的矛盾中，尋找可行方案。

無奈的是，「大桐共宅」現時只能按市場方式運作，對象亦非低收入家庭或長者等弱勢社羣，而是為那些能負擔得起租金的人，給予額外的選擇。他們可能已經有居住的地方，只是選擇搬出來，目的是認識更多朋友、擴闊人際關係；或許，當中有些是有真正住屋需要的人，想找人分擔租金以減輕成本。台灣的「共生公寓」玖樓，正好提供一個尚佳的示範，可供參考。[註5]

所追求的，不只是享受基礎設施

若非為解決弱勢社羣或現時的房屋問題，為何還需要實行共宅？共宅所追求的，不只是享受更多基礎設施，更重要的是學習相處，善用資源和減少浪費。

我們習慣個人消費模式，增強了獨處能力，卻減少了人際生活的聯繫，購買了過多不必要的用品，如新款雪櫃、電飯煲、工具、食具及衣物等，而這些東西都可共用及循環再用。

此外，和諧共住可讓我們更易理解不同人的需要，例如學習與長者或兒童生活；而對外開放的共享空間，可搞定期聚餐、聚會或舉辦不同類型的工作坊，增加生活趣味。

家居原是人類的棲息地，今天卻淪為投資工具，十分可惜。「大桐共宅」努力為房屋增添上述多種人性化的新元素，盼望改變資本主義的狹義價值觀，讓市民認清房屋除了交換價值外，還有根本的使用價值。「大桐共宅」在有限人力及物力資源下，嘗試創造共宅的基礎，為未來全面實踐的日子鋪路，願景是：

1. 人與人之間更和諧生活；
2. 共同分擔日常生活／環境的責任；
3. 重新學習和理解人們生活的關係；
4. 促進社會生活質素。

已經把身邊的事物視為不見？

大部分人或覺得，外國有足夠空間，這些概念才能實行，香港是做不到的。可是，我們須認清原因。在訪問中，大部分人認為外國擁有的所謂「大空間」，意思是擁有更大的公園、學校、花園或遊樂場等；但是，我們居所附近不是同樣擁有這些設施嗎？

我們為何會認為自己什麼都沒有？眼中就只有自己的房子，而把身邊的事物都視而不見？這些設施是由誰管理，是誰決定計劃建設？一般居民有否參與決策？從現時香港的環境，是否應反思業主立案法團的角色，如何可提升大家的生活質素？

現代人最易忽略的是鄰里關係！在壓迫的工作氛圍中，與工作夥伴相處緊張，但下班後便要過孤獨生活嗎？不少人覺得，房屋須是完全私人空間才能安靜地生活。似乎，大家應向上一代重新學習如何與人相處。

當仍未進入個人消費模式年代前，不少港人本身就過着「七十二家房客式」的共宅生活。今日所說的共宅並不是什麼創新概念，只是把我們孤立的生活，重新連結至和諧的社羣。

（原文曾於《信報》刊登）

作者簡介

郭宇濠為「大桐共宅」與影子長策會成員。

註

1. 圖片從 UK Cohousing Network 下載：http://cohousing.org.uk/what-cohousing。
2. Matthieu Lietaert（2010）, "My cooking turn is in three weeks. Today I can relax..." from 'Cohousing's relevance to degrowth theories.' in *Journal of Cleaner Production* V18, 576-580. Amsterdam: Elsevier B.V..
3. 若想了解更多使用價值及交換價值，可參考大衛・哈維（2014），〈使用價值與交換價值〉《資本社會的十七個矛盾》。台北：聯經出版事業股份有限公司。
4. 現時香港針對弱勢住屋的共宅項目，只有「要有光（社會地產）」的光房項目。見 http://www.lightbe.hk。
5. 台灣玖樓。見 http://www.9floorspace.com。

【附錄一】發起「大桐共宅」的天馬行空實驗

／詹美靖

「**發起**『大桐共宅』，因為我渴望在香港出現一個像這樣的空間。」對我來說，這是個像家一樣充滿歸屬感的地方。雖然我還不是永久居民，但也不阻礙我做這樣的事。過去挫折又絕望的不友善租房經歷，是我發起「大桐共宅」的強大誘因。

這些年，我輾轉流離過大埔、沙田、紅磡、堅尼地城、薄扶林、將軍澳；試過交了房租卻一直在客廳睡；試過約滿前一個月，才被通知房間要收回裝修；試過遭加租三千元；也試過在臨租前一天，才被告知該單位不放租。即使租務順利，也面對人際關係疏離的問題。每年搬家，都耗費我大量心力，在香港租房真是一個噩夢。每次想起都覺得害怕，後來遇到了 Laly，適逢她也想做共宅項目，才開始構想，在香港創造一個對租客友善又獨特的空間。

誰是我們的租戶？

對於這個空間的規劃，我們充滿着期待。我們的團隊，第一件需要思考的事是租戶問題——究竟誰是我們的租戶？

我們先從自己身邊的人際網絡着手，去物色潛在租戶。雖然很多人都表示很有興趣，可是興趣始終大於需要。畢竟大家都有自己的家。無論畢業生或是想成家的人，也千方百計地節省生活開支，很多人都不會考慮租房。後來，我們找到了一位朋友的朋友有興趣。她失去了固定的家，所以急着要租房子。

至於其他表示想租的人，有的是將要嫁給外國人的女生，有的是需要獨立空間做手作的藝術工作者，有的是需要夜晚工作的 freelancer，有的是想結識朋友的青年。此外，也有想體驗共宅生活的建築師。

他們當中有人想長租一年，也有人抱實驗心態，只想短租幾個月。當中那些囊中羞澀的有心人，較關注整體的性價比，包括租房空間的大小（物理大小和人際空間）、價格和空間的使用方式等具體實務問題。

大家都渴望有獨立空間

在香港共宅，能有多大的獨立空間？雖然共宅的原意是力求為居住者保留獨立的睡房，但這東西有多重要？若要如此實現，共宅起碼需要有八百至一千呎，便意味着要繳付高昂的租金。我們不是租工廈單位，在香港要租這麼大的地方，可想有多貴！

打算一起長租（如一年）的人，無法接受沒有若干範圍的獨立私人空間。即使短租的人，也有如此傾向。除了部分「兼職」租宿的朋友，譬如家在新界北但在港島西工作的人，加班後想找個就近地方休息和放鬆，才願意「屈就」。他們大概把這空間當作宿舍，可是，我們難以管理這樣的租戶。

此外，如何才能確保我們能負擔整體租金？將來又如何持續地運作和發展下去？寫到這裏，便感到有濃烈談生意的味道。因財力單薄，確實左右為難，原來要找一個合適的單位也不容易。

將居住空間與社區結合

為發展、營運目前位於西營盤的獨特空間，便嘗試把居所融入社區元素。「社區」這個詞聽起來很在地。我們找到了城西關注組的朋友作同伴，憑藉他們的力量，舉辦了一次以鹹魚為主題的社區導覽和共食活動（詳見第四章 4.1）。後來，他們繼續延用「鹹魚」，再舉辦了相關活動。

為什麼要將居住空間結合社區？這是為了讓居住者，尋找一種失落了的身分認同。一個半開放的空間，可以讓大家回到六十至七十年代的香港生活模式，正如電影《七十二家房客》的劇情般，常有租客「黐飯食」、借油鹽時獲贈一袋新鮮橙，甚至邀請打場麻將。

此外，我們又思考開放客廳以負擔營運開支。外國的共宅空間，白天會開放客廳進行不同社區活動，或打造成工作空間，晚上便變身成共食空間；深夜時，甚至可每月進行一次親子晚安故事分享會。當我們向朋友講述這些想法時，他們的眼睛都在發亮，這確實是他們所期待的東西。

香港真的需要有共宅項目嗎？

後來有人問我一個挑戰性的問題，香港真的需要共宅項目嗎？接着又問，香港人真的需要社區嗎？對於租賃市場中的租戶，他們正需要什麼？那一刻，我有點動搖。人際連結與獨立空間，理想與現實等抉擇，在這個市場中似乎有它一貫的標準答案。

可是在雨傘運動後，社會上有更多另類選擇浮面，年輕人逐漸覺醒，高呼「連結」、「自主」、「有選擇」。香港人再不全是全部高舉「中環價值」，愈來愈人思考不同價值，在衝突矛盾中開展更多嘗試。

如果租金不是這麼高昂；
如果香港的租賃條例寬鬆一點；
如果有「有心」業主，適逢也在思考這件事；
如果可找到一個二千呎的空間；
如果我們可變得更有能力、更強大，
我們天馬行空的實驗，就可實現。

我們拜訪了不同團體，動用了全部人脈，思考了不同策略，也很努力地和業主協商談判。我們盡了努力，將自己變強，嘗試在香港這地小人多的地方，實現一個小規模的「大同社會」。我發現，古代一段講述「大同社會」的論述，正描述一種類似的烏托邦（見《禮運 · 大同篇》，節錄如下）：

大道之行也，天下為公，選賢與能，講信修睦，故人不獨親其親，不獨子其子；使老有所終，壯有所用，幼有所長，矜寡孤獨廢疾者皆有所養。男有分，女有歸。貨惡其棄於地也，不必藏於己；力惡其不出於身也，不必為己。是故謀閉而不興，盜竊亂賊而不作，故外户而不閉，是謂大同。

作者簡介

詹美靖為「大桐共宅」發起人。

【附錄二】更多嶄新共宅的模式

／鄒崇銘

香港住屋問題異常嚴竣，能否通過互惠合作方式解決，成為近年備受關注的議題。像「大桐共宅」這類共宅項目，強調深度營造業主與租客、租客與租客的緊密聯繫，嘗試創造一種新的社區關係和文化；此外，也有另一類的「社會地產」項目，強調地產中介的角色及宏觀社會層面的租務制度，目的是推動業主與租客簽訂「良心租約」，加強租賃雙方的互惠互信和權益保障。

以近年一個新項目「好宅」為例（名字尚待確定），更着眼於宣傳、教育和倡議共宅構想，推動「良心租約」成為社會運動。至於另一個名為「綠活共居」的新項目，則以連結更多志同道合的持份者，在社區層面推動綠色生活方式為目標。

展望未來，或許還會出現更多嶄新模式，大家拭目以待。

3.5

共乘願景
齊舉手——在亞公角山路截順風車

／吳諾雯、林蕙芝

亞公角山路進行了共乘的社區實驗。

網媒《一小步》近年做了幾個社區專題：錦田的藝術家聚落、土瓜灣的故事館、觀塘街坊自主，和藝術家團結抗爭的故事。這次，我們也想在自己的小社區嘗試做些社區營造工作，於是開始構想這個有關共乘的社區實驗。

緣由——「傘運」後落實做點社區工作

政改表決不論通過與否，香港早已踏上不歸路。近年的雨傘運動像發了一場夢，當一切回復正常後——真的就能收拾心情，回到社區深耕細作，遍地開花？真的可以嗎？還是這只是為「傘運」畫上一個較體面的休止符？若不想這樣，社區工作方面，還可落實做些什麼？

所謂社區營造，很多時都是在面對共同問題或敵人的情況下，才有契機讓大家「坐埋傾吓」，有空間去產生共識。共識是有機的、流動的。當然，也不一定會出現。

今天，我們口口聲聲要民主，但民主不只限於真普選，少數服從多數也可以是一種暴力。讓社會的大多數聽得見，也願意聽這些少數、邊緣的聲音，這才是我們應該追求的吧。

而《一小步》身處的地方，正正就是一個被邊緣的社區。我們於是想，不如就從自己的社區開始，來一些「嚟真」的社區營造，讓我們也有自己的故事，而不再只去報道別人的故事。

處境——每天等候行縱飄忽的小巴

不如就由《一小步》的基地開始説起。這是個社區實驗——一個小媒體，就營造社區以及作出實際改變的願景，看看可以走多遠。基地，就在亞公角山。

咦，亞公角山？在哪裏？

亞公角山位於沙田和馬鞍山之間，有一條斜路上去，《一小步》的辦公室——突破機構就在這條斜路上。山腰是白普理寧養中心，以及賽馬會善寧之家，提供善終服務；上一點是慈氏護養院，為傷殘人士提供護理服務；馬路的對面，便是我們工作的地方——突破青年村，是一個度假營舍。此外，還有聖士提反會的城門之源，是青年人與家庭的宿舍；往上走到山路盡頭，是由沙田男童院改建、鄰舍輔導會的怡欣山莊，是弱能人士的訓練學校和院舍。

我們每天上班，就只有一輛綠色專線小巴，叫 67K。這架小巴行縱飄忽，十至二十分鐘一班……

這條路線的乘客，相比起其他交通工具，一般是較安靜。有時，嬸嬸們會有一句沒一句的談天；外籍的家傭會帶着行得很慢很慢的伯伯，在大斜路下車；看來已是「八十後」的伯伯，每天都差不多時間在山腳上車，有阿嬸話：「阿邊個又嚟睇佢老婆喇！」有時，會有中年的爸爸帶着比他還健碩的兒子回弱能人士院舍，沿途不斷叫他不要拍打車窗……好一些司機會在微小處顯得特別溫柔。

這條斜路，這個小社區，彷彿大家都有困難，但仍然踏實和安靜地生活。

發現問題／設計實驗方法

故事在這裏就完結了嗎？當我們說要做自家的社區營造，首先，是發現社區的特定處境和問題。

為什麼這些社會邊緣和少數社羣，會全部被放在一座只有一條小巴路線能通達的山上？甚至有關部門，不曾考慮設立一條能接載輪椅使用者的低地台巴士線？這些本來在社會已然弱勢的羣體，被安放到遠離社區生活的地方，對生活自主、實踐公民權利有什麼窒礙？

經初步收集資料後，接下來就是計劃怎樣變革社區，甚至重新營造社區關係。

亞公角山，上落山難

只要來過這座山，你多多少少也會想過這個問題：「為什麼這裏交通那麼不便？」

是的，除了 67K 綠色專線小巴和市區的士，這裏並沒有其他公共交通工具可到達。又因為種種原因，小巴班次間中失誤，加上座位有限，一般要等候十至三十分鐘以上。有同事戲言，每次等車就像進入百慕達三角，不知何時到達終點。

在山上院舍居住的院友，多是輪椅使用者；但山上由於沒有低地台巴士線，只有兩條復康巴士循環線，大約九十分鐘一班，只有四個位，對他們來說上落山更加困難。

在慈氏護養院生活了十三年的麗敏説：「我儘量每天都會乘復康巴士外出，等不到一班，就要再花個半鐘等第二班。但出街是很重要的，因為我的生活，是每天去圖書館看書、到街市買東西、星期日返教會，就像一個平常的街坊。」當她要跟家人見面，也寧願自己乘復康巴士，再轉車回家：「家人年紀也大了，要他們長途跋涉也太辛苦了。」

第一次的社區實驗——聯署行動……失敗

走訪了山上幾個單位，聽了不同人在山上生活的艱難後，2015 年暑假期間，我們跟幾位年輕的實習生發起了第一次社區實驗，出版社區報《亞公角報》，盼望成為社區連結的平台；同時也發起聯署行動，收集了四百七十五個簽名，去信運輸署和九龍巴士公司，爭取單層低地台巴士行走亞公角山路。

但九巴回覆「在安全理由下我們現時認為單層巴士並不適宜行走亞公角山路」，而運輸署亦指「會繼續留意上述路線（67K）的營運情況及乘客需求，並會於有需要時與公共交通服務營辦商跟進。」

我們的訴求沒有被接納。

第二次的社區實驗——順風車……有可能嗎？

一年之後，山上的交通情況有改善嗎？撇開小巴偶爾飛站、有時候車超過十五分鐘，又或尾班車無故消失；小巴服務其實已有改善，甚至一來就兩架車。

可是，山友還得依靠這唯一的小巴路線上山下山。

■第二期社區報《亞公角報》。

無了期的等也不是辦法，左鄰右里幫忙，自己社區就自己救啦！2016 年我們跟實習生再來一次社區實驗，以「亞公順風車」推動共乘計劃，並同時出版第二期社區報《亞公角報》。雖說，來往山上的私家車不算很多，但幫到少少也好；至少可以節省資源，更可藉此打破隔膜，認識社區中一起生活和工作的山友。

而且我們打聽過，慈氏護養院職員早已有順風車羣組，那麼看起來，推廣亞公角的共乘文化，似乎有實現的機會呢！

我們亦請教過「大埔街坊泥艋」(大埔順風車羣組)及「八鄉順風車」成員，均表示只要行出第一步，用微笑用手勢用紙牌邀請私家車停車，又或司機主動請等車的街坊上車，要坐或擔當順風車絕無難度。

亞公角山路直上直落，順風車似乎頗簡單，於是我們真的做了一次「亞公順風車」實驗。在 2016 年 7 月 14 至 19 日的六個工作天，我們的同事與實習生，以不同的組合，如獨男、獨女、男男、女女、男女等，於上下班時間在亞公角山截順風車。

「亞公順風車」社區實驗，帶來意想不到的效果。這六天有很多奇遇，也有很多有趣的經歷。大家對此社區小實驗反應很不錯，感覺不單能解決山上的交通問題，也能令山友們增加溝通。

阿蟲：截完順風車，讓社區營造再走一步？

經過實驗和分析後，2016 年 8 月，我們在港鐵沙田站及亞公角山腳派發《亞公角報》推動「亞公順風車」，並講解共乘文化。山友的反應都很正面，不少表示有興趣參與順風車計劃，也把社區報細心閱讀。

雖然我們大受鼓舞，但總覺得仍徘徊在社區營造的淺土層，還未能真正連結鄰舍。而確實，我們後來也沒太多新點子再推動亞公角山上的幾個機構，以進行更多正式或非正式的溝通。於是，我們特地向對社區營造極有經驗的香港理工大學應用社會科學系導師梁志遠博士（阿蟲）請教，邀請他審視「亞公順風車」實驗。

「順風車，在你們的亞公角山，的確是個營造社區的好開始；但也不可能永遠只有這個第一步……」他坦白地提醒我們，社區營造，不能只靠一己之力，因為一隻手是拍不響的。

這不單是對亞公角山友的提醒，也是對所有社區行動者的提醒。

「順風車，並唔係咁簡單。」

自 2016 年暑假進行「亞公順風車」實驗，我們其後不時觀察山上道路的使用情況，也詢問同事或山上各單位的職員，想了解「亞公順風車」能否持續下去。

我們看到兩種情況：第一，少數人早上會在山腳截順風車，但並不常見；第二，在山上工作的私家車主，愈來愈主動載同事上山，不論是否認識的同事也有機會上車，但談到邀請陌生人呢，還是不多。

似乎，真正的「亞公順風車」尚未成功。

阿蟲是「大埔街坊泥艋」成員，也曾到訪亞公角山，談起順風車，他毫不陌生。「你們跟大埔不同，大埔交通不像亞公角山那麼困難，也有街市作為社區集中地。他們搞順風車羣組不只為節省幾蚊，而是藉着順風車延伸出來的活動，成為社區營造力量。」的確，在「大埔街坊泥艋」上可見，成員不單推動共乘文化，也交流大埔社區資訊，甚至組織街坊燒烤、遊船河，讓鄰舍更多溝通。

亞公角山的順風車計劃沒有廣泛使用，他認為是受太多客觀因素影響：「跟一般住宅區不同，亞公角山的車輛大多只在某些時間出現，其他時間很難有車，而上山下山的車輛也太少，實在太難截車。」當然，香港人不習慣截順風車也是主因，特別對於探病的外來人士。

「還有，在雙程路隨便停車很危險，亞公角山路好像沒有太多路肩和停車位，任意停車很易撞車。」有駕駛經驗的阿蟲，道出了我們沒考慮過的安全問題。

果然，我們把社區營造想像得過於簡單吧？

「那又不是，至少你們嘗試解決社區面對的困難。不如先想清楚，你們身處一個怎樣的社區？需要達到什麼程度的社區營造？」阿蟲沒給我們潑冷水——他指出，要先理解所屬社區的特性，順藤摸瓜，去找出營造社區的獨特方法，才能讓社區持續發展。

「解決社區問題，需要有效方法。」

亞公角山的最大特色，是它並不是一個讓普通人生活的地方。「這是一個被規劃的邊緣地方，把幾個服務邊緣羣體（醫院、院舍等）放在一起的邊緣社區。在行政規劃之下，各個部落（單位）各自生存，欠缺公共設施，所以鮮有交往。」阿蟲分析。

的確亞公角山上沒有公園、沒有餐廳、沒有櫃員機，在山上工作的山友們，平日基本上沒機會碰面（除了偶然一起等那輛很令人發火的小巴）。因為各機構背景、資源、考量不同，大家的設施亦不能經常彼此開放。

「你們現在做的，其實是功能性地營造社區，意思是透過處理社區問題去凝聚街坊。順風車、派社區報是好開始，但要有更多更持續的方法，直接及有效地解決社區困難。例如，你們可調查山上有多少個單位自行組織的順風車羣組，邀請他們開放給山上其他職工乘坐。老實説，山上有幾多架私家車，很容易數得到。又或者嘗試跟小巴公司對話，商討改善服務的空間。」

讓「五個人」走在一起

要讓社區成為社區，的確要有更闊的想像。阿蟲打個比喻：「或者換個角度去想，如果把亞公角山上的五個單位，想像成五個人，那他們是怎樣性格的人？如何讓這五個人走在一起？如果走在一起，會令山頭帶來什麼效果？」

■「亞公順風車」實驗已經完結，但仍在社區和網絡鼓勵山友使用。

這「五個人」，應是偶爾打個招呼，彼此知道對方存在，但因大家家裏的柴米油鹽都很齊全，故此很少交流——很像一般香港人的鄰舍關係。

因為大家上山都是為了工作，要這「五個人」緊密地聯繫當然沒可能。但別忽略單位間合作的力量，可考慮用公司名義彼此連結。「若然你有籃球場、我有燒烤場，那空間或資源可彼此借用。大型的交流，可以是導賞團、開放日，又或在山上舉辦聯合嘉年華會。例如，你們 2014 年在突破青年村舉辦的突破山城節活動，已成功讓人意識到沙田有這樣的空間。而山上的人因為活動而溝通多了，也自然會像一個社區。」

談到如何長遠地解決交通問題，他認為也可從單位的角度去改善：「或者可以幾個單位一起合租穿梭巴士，又或開放自己的員工車，去讓山上所有職員受惠。」

這些點子都需要從長計議，但的確拓闊我們的想法——社區營造，在由下而上以外，同時也可從上而下。「好多人以為社區營造就是用溫馨的方法，但其實不是單單用一種方法。」

踏出社區營造的第一步

「不用氣餒，香港沒有什麼地方像亞公角山。你們做的社區實驗，至少已成為公司或機構主動開始社區營造的示範了。」阿蟲在對談的尾聲，這樣鼓勵我們。

的確，我們很想踏出社區營造的第一步，但也不得不常常自嘲，其實一切還停留在「社區零步」。我們的目標，是希望可以慢慢找尋方法，連結山上的山友，為這個小山頭注入更多活力、開放性，讓山上的院友們不因為規劃缺陷而被社會遺忘，反而成為一個共融社區的示範。

「社區零步」之後，我們還可以做什麼呢？會不會是……
未來的山城節，更多地邀請山上的其他單位參與；
繼續去信運輸署表達山上的交通情況；
探索合租一架穿梭巴士的可能性。
而在繼續推廣「亞公順風車」以外，我們的社區實驗也不會停止，一直為這山頭尋找出路。

（文章及圖片節錄自《一小步》）

作者簡介
吳諾雯為《一小步》時任監製。
林蕙芝為《一小步》監製。

3.6 共購願景

憑良心——一起購買健康食物

／鄒崇銘

「天姿作圍」社區經濟發展計劃。

當有暢通易達的交通，尋找健康的食物也方便得多。

共同購買

集合消費者的購買力量，通過長期互惠合作的方式，支持某類健康優質產品的生產及分配。往往容易與以價格為主要考慮的團購（group buying）混淆。

本章已先後觸及各種共學、共廚、共作、共宅、共乘等實驗項目，箇中互助共享元素異常鮮明。但不知大家有否察覺，上述項目的共通點，除了面向參與的成員外，同時亦覆蓋更廣闊的社區和社羣，進一步體現開放合作運動的特質。通過以下**共同購買**（collective purchase，簡稱「共購」）的案例，可更清晰地看見這種社區為本的共惠精神，及長遠邁向共同體轉化的可能。

「自在生活」——由渴求有豆香的豆腐開始

自 2003 年沙士後，香港市民對食物質素要求更高，湧現不少關注健康生活的羣體，並開始通過共購方式採購健康食物。它與時下流行的團購有別，關注點並非降低成本和售價，而是通過消費者和生產者的對接合作，既致力保障生產者的生計和尊嚴，亦確保消費者能獲得健康的食物，最終讓環境、生態和大自然均衡和諧，和國際公平貿易運動的理念十分相近（詳見第四章 4.2）。

最具代表性的項目要數「自在生活」，源於 2007 年嘉道理農場前主任楊寶熙和幾位朋友，深感街市所買的豆腐全無豆香，為求吃到本地優質、健康又環保的豆製品，奔走數月終於得到新佛香——有四十年歷史的本地豆品廠支持，開始生產本地有機豆腐，並透過共購形式銷售豆腐和豆漿。它旨在推廣簡樸健康生活方式，除了為團體提供環保教育講座，亦銷售天然健康食品和日用品。

使命

1. 啟發港人徹底改變消費行為，特別在飲食習慣和日常必需品消費方面；
2. 推動本土生產或加工的有機或天然食品，提高對土地健康的敏感和關懷，建立消費者和生產者間和諧互惠／互信的緊密關係；
3. 鼓勵簡樸和悠閒生活方式，減少生活垃圾，旨在維護大地健康和人類身心健康。

我們的共同購買理念

1. 照顧消費者健康；
2. 維護生產者生計、尊嚴和權益；
3. 促進人與動植物及微生物和諧共處，保持大地健康。

「天姿作圍」——街坊有份參與決定種什麼

由於種種困難，「自在生活」已於 2012 年初停止營業。恰巧不久之後，關注草根生活聯盟（簡稱「關草聯」）於天水圍設立名為「天姿作圍」的社區經濟發展計劃，成為新一代具代表性的社區經濟和基層共購計劃。

它是街坊共同參與成立的組羣，以社區為本，自下而上參與及動員，發揮區內居民未被善用的才能與經驗；又透過與周邊農業連結，結合居民的智慧與技能，創造可持續發展的社區經濟系統；並以社區貨幣「基保券」貫通計劃，讓居民能以另類經濟方式改善生活質素，可說是一個「麻雀雖小，五臟俱全」的計劃。

正如我們在《共享香港》一書介紹，農產品是日常生活必需的消耗品，普通市民根本無從選擇，必然要到主流市場採購。相反在「天姿作圍」計劃中，街坊同時是食物生產者，能自我調節食品價格，得到價格自主權。自主權除反映食物定價外，亦涉及食物安全保障。街坊有份參與決定種什麼、用什麼方法種及如何輪流管理田地。

這個項目把「產——銷——消」三者放在一個社區中連結：街坊生產、機構銷售、區內居民消費。這緊密的連結，一方面可減少食物的碳足印；另一方面，亦能緊貼生產者與消費者的關係。協助銷售的街坊會到農地觀察，或直接與生產者聯絡，從買賣過程中解答消費者的疑惑；消費者亦能理解他們的生產過程，及其耕作理念，並可直接向生產者議價，實現直接調整銷售與消費之間的期望。

理念

1. 支持綠色生活

每月定期組織街坊，集訂有機健康食品及日用品；

2. 支持本地生產

每星期集訂本地有機農場生產的有機菜；

3. 保障消費者權益

直接向生產商訂購貨品，減少中間剝削；

4. 改善基層生活

以成本價與街坊集體訂貨，期望基層也可享綠色健康；

5. 與街坊共同參與

與街坊共同參與推廣、統籌及策劃，鼓勵民主參與、自主營運，從街坊需要出發；

6. 提倡勞動有價、多勞多得

實行「時分券」制度，鼓勵社員投入會務勞動。

基層共購——實踐資源再分配

除了立根天水圍的「天姿作圍」外，「關草聯」還推動一個跨地區的「基層共同購買網絡」，以基層人士的生活入手，組織街坊直接向小店或生產商購買日用品，減低生活開支及使用質素良好的用品，以改善基層生活。街坊會員以成本價，購買基本日用品而改善生活；與此同時，支持會員承擔行政及運輸成本，透過日常良心消費，直接支持基層及小店，實踐資源再分配，推動社會公義。

自 2016 年 10 月起，家家士多以成本價提供健康安全、公平有機食品，推動家家共購。來自十四個社區基層共購街坊，經過兩次試食會後，選擇以數款韓國餅乾和零食作起點，只須於每月 15 日前落單及交錢給區長，區長將訂單集合和轉交，會員便可於每月第四個星期取貨。

基層共同購買網絡的理念

1. 共同合作，產銷得益；
2. 同心同力，發揮社區力量；
3. 購物有選擇，對抗壟斷；
4. 買得有意義，支持小店及基層。

社區自決運動遍地開花

除了廣為人熟悉的城西關注組，近年社區自決運動亦在各區遍地開花。例如始於土瓜灣的「維修香港」、活動頻繁的大埔社區學堂，另外，還有東涌、天水圍、北區和深水埗的墟市活動，以至覆蓋範圍更廣的社區種植，皆是活化和使用公共空間的不同嘗試。

2014 年財政預算宣佈引入美食車，由民間團體推出民間美食車的計劃，則是公共空間政策倡議的重要嘗試。上述不少案例，皆可在《重構香港》和《再造香港》中找到。

作者簡介

張啟昕為活躍於西營盤的政黨社區主任、城西關注組成員。

4.2 生態共同體

扎根在地，合力創造社區農業（註1）

／鄒崇銘

電郵 登入密碼 登入 忘記密碼

主頁 網上購物平台 關於我們 品質監控 合作伙伴 如何訂購 聯絡我們

全部蔬菜 所有品種 所有農場 產品名稱、關鍵字 搜索 購物車

網上購物平台

- 嚴選獲香港有機資源中心 驗證的本地有機農場，堅守真有機。
- 感謝本地多間有機農場全力支持，每星期為客戶提供新鮮健康蔬菜 (相片由農場自行拍攝，絕不造假)。
- 我們逢星期二送貨，截單於送貨前一天，即逢星期一，下午5時 (為配合客戶需要，現試行延遲至5時截單)
- 購物滿HK$300以上即獲免費送貨。
- 訂購輕鬆小工具：重量單位換算表 <按此查看>
- 現時購物平台上的農作物相片均由農場提供，讓客戶更清楚了解選購的產品樣式，真正體現ONM精神 — 「買得放心，食得開心」。
- 評分及留言系統正式開放，客戶現時可直接於訂購平台作出評分及留言，讓我們的團隊及各農場也能更了解客戶的需求。*系統為善意的改良及溝通渠道，絕不接受任何無理的惡相言穢語。ONM將保留最終決定權。

通過網上直銷，讓市民便捷地買到本地有機正菜，也讓有機農夫收入得到保障。

社區支持農業
通過消費者和生產者長期互惠合作方式，促進農業和食物的健康生產和分配。

若從 2002 年樂施會發動的「貿易要公平」倡議項目計起，公平貿易運動登陸香港已有十四年。不少公平貿易機構如公平點及公平棧等，是香港較成功的社企例子。相比下，焦點放在本土農業的**社區支持農業**項目，儘管在香港歷史更悠久，但在 2010 年保衛菜園村運動後，才真正引起廣泛關注。

引入合作視角，反思公平貿易

公平貿易和社區支持農業之分別，為前者關注全球貿易公平，後者關注本地農業；前者關注貧窮國家的農夫生計，後者關注本地農夫生計；前者力圖在社會和經濟效益之間取得平衡，後者涉及更廣泛環境及生態價值考慮。兩者，極少被並列對照和討論。事實上，近年公平貿易運動發展中，本土公平貿易（domestic fair trade）愈益受重視。全球和本土經濟公義課題，差異原來並沒想像中大。

若從社區支持農業角度，進一步審視公平貿易的優劣點，就可更清楚地發現涉及貿易與合作，或企業與共同創造的微妙分別。尤其在公平貿易運動日趨主流化，標籤認證制度大行其道之下，貿易與企業的元素愈來愈凌駕公平和互惠。重新引入合作與共同創造等視角，有助反思公平貿易運動的前路。

相比傳統的公平貿易，社區支持農業強調用家持續參與和承擔，不再局限於消費者單純購買的角色，實有助超越狹隘的消費者運動含義。例如，社區支持農業的操作模式，往往要求用家預訂一年四季的蔬菜，不論豐收欠收，不論產品好壞，皆須堅持對農夫的支持和投入。

推動更深遠的社會變革

在此模式下，蔬菜不但是市場的交易商品，更被提升為用家和生產者共創的成果。特別是位於城市周邊的農場，用家和生產者有更多機會面對面接觸，作深入交流，建立長遠互惠合作夥伴關係。凡此種種，顯然皆超越傳統公平貿易的想像。

尤其是受奧地利哲學家魯道夫．史代納（Rudolf Steiner）影響，社區支持農業旨在推動更深遠的社會變革。它包含擁有權體制的新觀念（土地應屬共同而非私有產權）、合作體制的新概念（打破生產者／消費者的傳統分工）、市場體制的新概念（市場應服務社會和環境目標，而非盈利至上），以及農業體制的新概念（耕種應與自然生態互補共存，而非破壞環境）等。這些公平貿易運動都是很好的參照。[註2]

本地農產配合進口公平貿易食材

筆者最早參與社區支持農業的工作，可追溯到 2011 年中，即菜園村受高鐵工程影響而遭拆遷期間。部分村民搬進了由港鐵提供的臨時鐵皮屋，並共同規劃新村的籌建工程。

其中十戶率先開展元朗菜園農業先鋒田（The Pioneer Farm）的復耕工作。剛好就在同一年，公平點主辦了斯里蘭卡考察團。當地的公平貿易機構 PODIE（the People's Organization for Development Imports and Export），乃是以出口香料業務聞名，當時深受金融海嘯衝擊，傳統歐美市場生意一落千丈，希望開拓東亞新興市場來填補。正如負責人 Tyrell 指，香料不太符合東亞人的口味，假如能研發一些新食譜，相信有助增進大家對香料的認識。

參加考察團回港後不久，認識了先鋒田的阿竹，一拍即合，便拉着團友搞私房菜活動，一搞便兩年。當時用過的食材和製作過的食譜，最終都被收錄進《近田得米：香港永續生活新煮意》（印象文字，2015）一書。

過往大家認識的公平貿易食材，多是停留在公平咖啡或茶葉一類產品。這本書正好告訴大家，香港的有機農場是農產品的寶庫，生機蓬勃，深不見底；而且，進口公平貿易食材原來同樣目不暇給，琳瑯滿目。幾斗農地產出再加上一堆公平貿易產品，已能做出如此豐富的盛宴，間接反映在市場經濟以外，物質生活自主有着無限可能。

初夏晚上，有機會看到螢火蟲

菜園新村位處的錦上路，是貫穿整個八鄉錦田盆地的主要道路。它首先從錦田市向東南伸展，到了元崗村急轉彎，然後一直向東奔往上村為止。從元崗村到上村的一段錦上路，大致和南面不遠處的大欖郊野公園邊界平衡，馬路和郊野公園之間的狹長地帶，正是八鄉最活躍的農耕地區。

由於毗鄰郊野公園，因此這一帶農地的生物多樣性特別豐富，除蜻蜓和蛙類，昆蟲和蜘蛛的類別也特別繁多，初夏晚上看見螢火蟲的機會也不低。私房菜活動也包含導賞團成分，參加者在吃飯前，會先在附近農田了解農業生態。

正如我們的長期合夥伴、香港生態論壇的黃志俊指，以往很少人關注或研究香港農地生態，並非由於農業生態價值偏低，而是因人們對農業生態存在偏見，不加重視而已。

認識食物在貨架以外的知識

他常到八鄉農地考察自然生態，說對生態愛好者而言，昆蟲蜘蛛從沒有益害蟲之分；但在農地的生態裏，生物卻有不同角色，專門吃掉農夫辛勞種植成果的，被標示為害蟲；幫忙農夫殺掉害蟲的，便成為益蟲。昔日未有農藥化學劑的年代，農夫們懂得與牠們打交道，利用傳統知慧，以天敵來控制害蟲，一物治一物，讓農田有出產的同時，整個生態系統也平衡有序。

只要打開台灣主婦聯盟的新書《菜籃子革命》(廣場出版，2015)，便發現內容遠比「菜籃子」的命題為大，從土生品種、基因改造、徵收農地、食品安全到台灣糧食主權等，反映農業絕非是食物生產和供給這麼簡單，更和生態、社區、歷史、文化等因素緊密扣連。

假如我們對食物的認識，僅局限於超市貨架上的那些成分和健康標籤，實際上我們愈來愈像隻青蛙，在井底下抬頭望那片已算很大的天空。

香港有機生活社倡議研究農業政策

2015 年，特區政府進行〈新農業政策〉諮詢之際，我們另一夥伴歐羅有機農場的黃如榮，想將其農場位處的大江埔村發展成生態農業社區。大江埔位於八鄉錦田盆地北端，剛好和菜園新村南北相對，是整個新界西最活躍的農業村。黃如榮覺得大江埔可把握優勢引入資源，既能加強社區活力和團結，更可成為新界農村復興的示範。推展此項目的目標包括：

1. 發展本區農業及連帶產業，增加社區就業機會；
2. 改善村內公共空間及公共設施，促進村民連結；

3. 帶動村民參與社區事務，有動力一起解決社區問題；
4. 改善生態環境，增加生物多樣性。

黃如榮同時亦是香港有機生活社的創辦人，這是個發展本地有機農業的平台，結合周邊不同板塊，參與羣組包括有機農夫／農場、有機店舖／菜檔、廚師／食肆、老師／教育團體、環保組織及其他農業單位。生活社除支援香港有機農業發展、開拓本地有機菜市場機會外，亦致力倡議研究農業政策，推動公眾對農業和保育議題的關注。

長遠提升本地蔬菜自給率

生活社又與有機菜網購平台 OrgaNetMall 合作，通過網上直銷擴大銷售渠道，讓市民便捷地買到本地有機正菜的同時，讓有機農夫收入得到保障，長遠提升本地蔬菜自給率。

家家士多起源於進口 iCOOP 的韓國食品，但自成立之初已有清晰目標，會逐步引入本地有機農場的新鮮蔬果，力求將「產——銷——消」的網絡本土化，最終目標是令合作運動扎根在地，並逐步減少對外輸入產品的需求。

由此，先鋒田、香港有機生活社，再加上家家學堂的成員「習慣 X 自然」、鄉土學社等，遂自然成為家家士多的重要夥伴。未來不但合作進行本地有機菜的銷售合作，還向 SHY Dance Cafe 和家家廚房供應新鮮食材。此外，亦會在市區和鄉郊合辦各類教育活動，推廣食物、農業和生態保育的知識。而壹樓共同社，更會不定期化身鬧市中的樓上農墟（詳見第二章 2.2）！

從搖籃到搖籃

指新產品從搖籃開始培養，最後不會進入「墳墓」，反倒再被利用，回收到搖籃中成為其他產品。

在小露台實現「從搖籃到搖籃」的夢想

如先前篇章所述，壹樓共同社所在的儷凱酒店，剛好有一個二百多呎的小露台，一片市區難得的戶外場地。除了會用作教育活動外，尚餘空間可進行社區生產、升級再造和天台種植（詳見第三章 3.3）。其中由 SHY Dance Cafe 產出的咖啡渣和雞蛋殼，便順利成章被用作堆肥的尚佳原料；麪包皮可用作養魚的飼料，打造魚菜共生的循環系統。由此再生產出來的蔬菜和食材，又可在 Cafe、家家廚房中使用。

而室內也逐步引入低溫環保蒸餾水，提供免費飲水機設備，鼓勵減少使用瓶裝水；此外，亦提供 T for Sharing 的共享免費茶包服務，未來還希望設立共享免費食物的社區雪櫃。

儘管這只是壹樓共同社衍生的小實驗，但「**從搖籃到搖籃**」（from cradle to cradle）的理念，卻不再是個遙不可及的夢想！

註

1. 本文另一英文版本，曾發表於 Chow Sung Ming（October, 15-18, 2013）. 'Sharing Hong Kong: from social and solidarity economy to sharing economy, and from fair trade to community supported agriculture.' Paper submitted to the Asian Solidarity Economy Council, on the occasion of the 5th RIPESS International Meeting of SSE, Manila, Philippines.
2. McFadden, S.（2013）. 'The history of community supported agriculture, Part I community farms in the 21st century: poised for another wave of growth?' in *Rodale Institute* . See http://newfarm.rodaleinstitute.org/features/0104/csa-history/part1.shtml.

4.3 知識共同體

自下而下，知識為本的公民參與

／鄒崇銘

知識就是力量，是具備實質穿透力的「武器」。

2013年1月16日，戴耀廷在《信報》發表文章，展示一個近乎天方夜談的政治構想，結果完全出乎他的意料之外。這構想終於成真，改變了香港的歷史。三年後，我也很想東施效顰，提出我對改變香港的構想，但這或許更似是癡人説夢而已。

儘管戴耀廷當年的建議強調「大殺傷力」，但實在亦有其相當溫和之處，例如強調事先張揚、非暴力和承擔罪責等。相比下我的構想就更保守，完全不涉及公權力和公民抗命，純屬是公民自決範圍內的事。但長遠目標，卻是達到香港人的真正自立自主——問題只是：香港人是否真正願意自立自主？抑或往往只是口惠而實不至？這正正是構想的死穴所在。

在精神上武裝起來的原則

今天我也謹希望在此，提出一個具備實質穿透力的「武器」，讓香港人能在精神上武裝起來，並非如某類人總愛空談物質上的勇武，説要癱瘓香港的政經中心。這行動要符合以下原則：

1. 知識（knowledge）

專制獨裁政府看似強大，卻只能依賴愚民政策和謊言管治，而民間最可靠的正是「知識就是力量」。回歸以來近二十年，香港的出版業已被紅色資本壟斷，大眾媒體也好不了多少，接下來就是大專院校等待被赤化。近年，包括港大和嶺大出現的爭議，不但充分顯示香港學術自由脆弱，更暴露過去二十多年來，大學無不在所謂國際化趨勢下，教授們紛紛變成論文機器，與現實社會的需要漸行漸遠，香港在地研究接近完全癱瘓。重新打造公民知識體系，乃屬思想操控與解放的對決。

2. 公民（civic）

佔領行動的客觀副作用，乃是造成了黃絲與藍絲、親中與抗中的社會撕裂；但公民知識體系卻毋須預設政治取向，一切只須以實質證據為基礎，以客觀事實説明真相。因此它應該強調跨黨派、公民性，以民生為本、以弱勢為念，注重香港的社會經濟發展、而非狹義的政制發展議題。

3. 眾籌（crowdfunding）

只須有不少於十位大專學者，每人願意捐出百分之五的月薪，即可每年集資約四十萬港元，支持一個小至中型的研究項目，避免受制於現存扭曲的研究資助體制。如此便可積少成多，集腋成裘，一點一滴重新累積香港在地研究的成果，回應關鍵社會議題。

4. 商討（deliberation）

出資者固然皆有特定的研究取向，但最終如何甄選研究項目、如何確定整體方向，則應通過開放、直接、民主商討的方式決定。商討活動除了能整合不同的研究志趣，亦是尚佳的交流和學習平台。匯聚一班關注香港前景的學者和市民，共同探討未來社會經濟發展的綱領。

5. 人數（mass）

2011 年選委會高教界選民數目為九千一百人，只須其中十分一的學者參與計劃，已能支持逾九十個小至中型研究項目。當然出資者毋須限於高教界，不同行業同樣可以建立相關的公民知識體系，運動規模極有可能再擴大十倍。此舉不但可增強研究能量，同時亦是一個磨合和聯結的過程，漸進匯聚改革社會的正能量。

6. 轉移（transfer）

現時各大學有所謂知識轉移項目、回饋社會，卻完全以自上而下、閉門造車的方式進行；公民知識則是一個自下而下的體系，取諸於民，用諸於民，毋須經過離地的學院體制過濾。若日後研究有助大學作學術出版，同樣可作自下而上的知識轉移；唯受惠學者亦應共同支付相關成本，不應總是白吃公民社會的免費午餐。

7. 教育（education）

在民主商討的基礎上，公民知識體系亦可進一步面向公眾，通過網絡、媒體、出版及公眾教育活動，動員市民參與學習和交流。知識為本的公民參與，為香港人實現真正自立自主，提供穩固的公民社會基礎。

8. 目標（target）

我們必須明白，行動最終目標是要實現自立自主。無論行動是否已付諸實行，即使對手表明願意回到談判桌，討論落實香港自立自主的具體措施，行動也完全沒有結束的必要。公民知識體系應長遠監督政府施政，持續完善香港的民主政制。

一切，都是事在人為

上述構想是否純屬天方夜談？或許我們可再看看南韓媒體的例子。本書前文提到，現時南韓三大日報之一的《韓民族日報》（詳見第一章 1.6），由超過二百名因敢言被裁撤的新聞工作者，經過大型集資運動後，成功得到近六萬名小股東支持，籌得逾二千萬美元資金辦報，其營運機制十分破革：

1. 每名股東持股不得超過 1%；
2. 行政總裁由全體員工以一人一票選出；
3. 總編輯任命須取得全體員工信任投票；
4. 獲全體員工認可，報社才可作出重要決定。(註 1)

按第一章曾提及的漢陽大學韓東燮教授分析，(註 2)《韓民族日報》的小股東以白領和知識分子為主，可讓報章維持收入，故此毋懼欠缺廣告收入，這亦是它可大膽進行大量調查報導，揭露官方及大財團醜聞的原因。近年，吳曉東通過眾籌成功集資四百萬港元，成立傳真社，是令人鼓舞的本地案例。他們的成功，正說明一切都是事在人為。

當然「你永遠無法喚醒一個裝睡的人」，相信絕大多數學者看了這構想後，應該不會懷疑其具體的可行性，只是可能會假裝視而不見！同理由，由百多名學者組成的香港學術自由聯盟，到底未來將有何所為，亦存乎一念之差而已！

（原文曾於《信報》刊登）

註

1. 參閱《共享城市》第四章。
2. Han, D. S.（2000）. 'The middle classes, ideological intention and resurrection of a progressive newspaper: a South Korean case.' . *International Communication Gazette*, 62.1: 61-74. Amsterdam: SAGA Publishing.

【附錄】香港資深新聞從業員籌組「眾新聞」

／鄒崇銘

2017 年 1 月 1 日正當本書截稿之際，由一班香港資深新聞從業員籌組的「眾新聞」（http://www.hkcnews.com），正式宣告面世。它與其他網上新聞媒體有別，更集中於新聞解讀和評論，並主動進行偵查報導，及對社交網站和其他新聞資訊進行「大數據」分析。它不追求光速般的更新頻率，而是致力於深度報導和分析。

不錯，「眾新聞」正期望通過眾籌方式來維持運作。它一年的營運成本約五百萬元，把目標鎖定在四千名訂戶，每人每月付費一百元，一年合共更有四百八十萬元的收入。「其實每日只需給三點三元，連買半份報紙的價錢也不到。」眾新聞總編輯李月華說。

相信本港的媒體生態將逐漸轉變，日後發展要拭目以待。

4.4 公民共同體

借鏡西班牙政黨，引入嶄新組織模式

／韓江雪

西班牙左翼民粹政黨 Podemos 黨徽。

在 2014 年雨傘運動冒現之際，西班牙左翼民粹政黨 Podemos（英文翻譯為 "We Can"，即「我們能」）亦剛好成立。在雨傘運動後，社運趨向「拆大台」及政治力量碎片化，令 Podemos 自下而上的社區組織模式，開始引起注意，甚至有人提出，在香港成立類似 Podemos 組織。但由於內外部環境皆不配合，討論很快無疾而終。

■Podemos 使用自下而上的社區組織模式，由基層公民直接民主參與。

2016 年 9 月 4 日，雨傘運動後的首次立法會選舉，結果完全出乎所有人的意料。來自（難產的）列陣和眾志的四名候選人，紛紛以大比數勝出；尤為重要的，是選舉中出現了嶄新的組織和動員模式，對選舉過程造成了極大衝擊。[註 1] 要延續兩年來 Podemos 的討論，相信這正是最適當的時機。

基層公民自下而上的直接民主參與

翻看 Podemos 短短兩年歷史，其中最引人入勝的一幕，是在 2014 年 9 至 11 月期間舉行的公民大會。在冗長的會議過程中，二十五萬已登記成員就未來組織模式進行了辯論和表決。其中 Podemos 創始人、馬德里康普頓斯大學（Universidad Complutense de Madrid）政治學教授 Pablo Iglesias，和另一領袖、任職當地地方議員的 Pablo Echenique 分別提出兩種模式，形成了鮮明的對比和較量。

眾所周知，即使在公民大會之前，Podemos 早以其 Circulo Podemos（英文翻譯為“Circles”，「我們羣」）聞名於世。Circles 乃是 Podemos 的最本組織單位，鬆散地遍佈在全國各地的社區，有助基層公民自下而上的直接民主參與。無論在地方和全國事務上，它均掌握 Podemos 的實權，包括推舉各級選舉候選人的權力，並藉電子交流和投票平台串連。Circles 主要分為議題類和社區類兩種，前者以圍繞特定政策議題而成立，後者則主要按成員的地理分佈而組成。

Pablo Echenique 和 Pablo Iglesias 模式的主要分野，在於 Pablo Echenique 進一步強化 Circles 的主導性，賦予極大自主和決策權，令 Podemos 維持去組織化／碎片化傾向，可說具有極濃厚的實驗性和民粹色彩；而 Pablo Iglesias 則局部引入傳統政黨的領導架構，強化中央統籌和調控的角色。Pablo Iglesias 模式亦可說是在商議／直接民主和代議／間接民主之間，力求尋找一個務實的平衡點。結果 Pablo Iglesias 模式取得了超過八成支持，他其後亦當選 Podemos 的秘書長一職。

就社會議題，注入上下互動機制

正如西班牙社會學家 Cesar Rendueles 及 Jorge Sola（2016）指出，（註 2）Podemos 的理想，是人人皆是命運自主的積極公民；但在現實中，二十五萬成員中畢竟只有少數是政治活躍的公民。Pablo Iglesias 的模式賦予一般成員投票權，就全國性事務和選舉決定投票，但往往只能通過多數決議而非商議來進行。此可說是，組織下層和上層的直接對接，由領導架構向全體成員直接負責；相比之下，作為 Circles 骨幹的中層活躍分子，地位並不顯著。

我們或可嘗試透過近年的政治議題，來探討 Pablo Iglesias 的模式在香港的適切性。例如「村代表」和「倒泥頭」這些相對政治化的議題，無疑仍存在很大的社區介入空間，可自下而上作百花齊放的嘗試。但是，這些議題早晚會觸碰到政策及體制，有賴更具策略和工具性的應對方式，某程度的中央統籌和調控亦屬必要。

同樣地，「墟市／領展」、「單車／西鐵」和「屯門／融合」等議題，亦可在「自下而上」的直接行動之餘，進一步注入上下互動的機制。問題的關鍵，似乎並不在於上和下之間作取捨，而是如何確保上乃是建基於下的授權，而上則對下進行終極問責。

生活在一起，打破各家自掃門前雪困局

前述幾個都是較為政治化的議題，同時兼容議題倡導和社區工作的面向，因此須考慮上下互動模式。相比下，部份議題如社區共享、農業復興以至城市居住和社區運動，則在絕大部分情況下，能維持 Circles「自動波式」直接民主參與，自下而上的組織模式已相當足夠。「自己社區自己救」，根本不存在

中央統籌和調控的需要。

正如 Podemos 的例子充分展示，此等社區為本的 Circles，首先可吸納大量基層公民成員，哪怕是對宏觀政治和政策議題漠不關心，仍然可以通過互助共享和社區經濟，打破自掃門前雪的常規，探索重新生活在一起的可能。（註 3）

這些似是非政治化的活動和網絡，可作新型民主運動的下層建築，一點也不能低估其重要性。長遠以言，這將是香港公民社會新的根基，將原有政治與非政治化的羣體重新連繫，改變人對自己的理解，變成不被動的人，變成更好的人，會自救自強的人。

善用電子平台凝聚共識

眾所周知，Podemos 能在極短期內招集大量成員並組成 Circles，其實很依賴電子交流和投票平台。參與的廣度毫無疑問，深度卻常受質疑。試問公民大會的二十五萬成員中，有多少在 Circles 中真正活躍？抑或大部分只是借助網絡便利，停留在鍵盤上的參與（clicktivism）？

上述香港「自己社區自己救」的取向，正是以深耕細作為主要特色，可說與 Podemos 的 clicktivism 相反，是深度有餘但廣度不足，暫時仍未開拓更廣泛的公民參與空間，而 Podemos 網絡組織方式正好產生互補。

進一步而言，隨着部分社區工作變得政治化，扎根社區模式不一定每次都適用；相反，敵進我退，敵駐我擾的游擊策略之重要性不容忽視，即是透過拍片／製圖／調查報導等方法，動員大量社區成員自發偵測／記錄／揭露社區黑暗面，可填補深耕細作和扎根社區模式的不足。

正如傳媒工作者 Carola Frediani（2015）指出，Podemos 採用 Loomio 等協同決策制定電子平台，可先讓議題或社區為本的 Circles 進行交流，醞釀和凝聚共識，然後再付諸實際行動（包括通過 Facebook 面向更廣大公眾）。回到香港的例子，「倒泥頭」、「收地拆遷」等個案，便可以更有系統、更機動地作出決定和付諸行動。[註4]

除了交流和投票外，Podemos 電子平台更扮演眾包和眾籌的重要角色，不但鼓勵成員作出定期及定額捐助，同時能在短期內為個別項目，籌集特定數額的資金或資源，做法和眾籌平台如 Kickstarter 並無二至，只是包含項目集中在公民參與。事實上，由革新論羣體籌辦的民間自治計劃（WeMaker），亦剛好在香港正式啟動，亦希望發揮大同小異的作用。[註5]

香港若有 Podemos，重點應放社區自發組織

毫無疑問，Podemos 自下而上的社區組織模式，基本上仍是面向選舉政治的工具，它無疑強化了政黨的商議／直接民主成分，局部解決如德國社會學家 Robert Michels 所言的政黨寡頭壟斷困局。也就是說，直接民主參與只是工具，奪取議席和執政才是目的。

然而，在香港的特殊政治環境下，不民主的議會政治具有極大局限。長期以來，泛民主派被議會吸納，並逐步脫離原有基層和社區工作，流弊有目共睹。假如香港真的出現一個 Podemos，重點實應放在社區自發組織，肯定直接民主參與的自身價值，議會政治反應倒過來為它服務。

自香港回歸、特別是兩個市政局被取消後，區議會已淪為「蛇齋餅糉」的愚民工具，立法會則成為極度離地的「吹水會」，區議會和立法會的政黨和代議士，與公民社會之間出現嚴重斷裂。政黨和議員無法把握民間脈搏，社區公民則無法找到參與的意義。2016 年立法會選舉最深刻的歷史意義，乃在於徹底打破了當下政制困局的迷思，指引出活躍公民參與切實可行的方向。

立會、區會、公民社會重新連結

展望在香港發展 Podemos 模式，實毋須一開始就從籌組政黨的角度考慮，而是有更任重道遠的使命，乃是令「立法會——區議會——公民社會」重新連結，讓香港人能在日常生活之中，真正體驗和實踐命運自主的願景。相比起傳統意義上的政黨，更應類近一個公民參與平台。相比起傳統意義上的議會政治，它更應類近一個「上——中——下串連網絡」。

當我們擁有這些平台，便可逐步看清楚這個城市的未來。

註

1. 何雪瑩（2016），〈社區工作好激：重新想像香港人生活在一起〉於《香港01》，2016 年 9 月 3 日。
2. Rendueles, C. & Sola, J.（2016）. 'Podemos and the challenges of political change in Spain.' in *Near Futures Online*. See http://nearfuturesonline.org/wp-content/uploads/2016/01/Rendueles-Sola_04.pdf.
3. 同註 1。
4. 參考 Loomio 在台灣的研討會，見 http://www.youtube.com/watch?v=1hcC3wyF-GU&list=PLFuYOsppHDrnsqfUhKAs9tFkqyCVloaSy。
5. 見 http://www.wemaker.hk。

【後記】聯合國教科文組織起草人的深度啟示

／鄒崇銘

在家家士多和壹樓共同社試業的第三週，合作夥伴阿池邀請了聯合國教科文組織 Gaia Education 起草人之一 Karl Steyaert，舉辦了一場關於「社區支持萬事」工作坊，及一場關於生態村（ecovillage）的講座，恰好為這一連串開放合作運動實驗，砌上了整幅拼圖的最後一角。

溝通注入正念和觀想元素

我們早已掌握合作和共惠運動不少理念，同時也開展了本書鋪陳的各種實踐經驗。而較易忽略的，是有效實踐的工具和技巧。Karl Steyaert 作為非暴力溝通（nonviolent communication）和衝突調解（conflict resolution）專家，正好補充了我們所欠缺的知識面向。

他所提供的人際溝通技巧，表面上和社工慣用的大同小異，都是致力減少人與人間的誤解，促進建立同理心，達至更和諧的相處和合作關係。但 Karl Steyaert 卻從中注入更多正念（mindfulness）和觀想（contemplation）元素，為共惠和合作實踐提供更具操作性的方法。

這到底是指什麼呢？在工作坊開始時，他要求參加者二人一組，掌心貼掌心，進行互相配合的肢體動作。繼而二人手掌分開，繼續嘗試協調配合對方的動作移動。最後，安排參加者摻雜在人堆之中，發現原來的二人組合，依然嘗試遙距地協調雙方的動作。在日常生活中，參加者無時無刻需要和人溝通，透過這些活動，才能具體、有意識地感受當中意義。

溝通方式保持警覺性，為共惠合作基本

在工作坊的餘下半段，基本上採用二人一組方式（每次會轉換拍檔），讓參加

者重新體驗談話和聆聽的過程。由於工作坊以「社區支持萬事」為主題，談話和聆聽的話題都離不開愛好、天賦、夢想、願景等範圍，為各組員創造深度交流和認識的機會。之後，Karl Steyaert 逐步把焦點具體化，把話題收窄為五年、一年、三個月的個人目標，建立彼此相互支援和協作的共識。

通過有系統的引導，以及多輪談話和聆聽，參與者逐步增進對自我和其他人的了解，並在具體事工上體察到各人的異同，期望從中尋找接合點和共識，形成相互支持和合作的基礎。久而久之，「社區支持萬事」遂在社羣中建立出來。

這個工作坊給我最大的啟示，就是讓人際溝通不斷保持高度警覺性，而這正是共惠和合作的基本條件。

互助營造社區，換取滿足永續生活

工作坊提供了不少技巧，解決共同體成員參與和合作的困難。而有關生態村的講座，說明一個生活、生態和文化共同體，如何能有效持續孕育和滋長。

Karl Steyaert 居住在蘇格蘭的芬霍恩生態村（Findhorn Ecovillage），村民都與人共惠、與大自然共好。社區有在地、環境友善的糧食和耕作系統，居民可享用健康新鮮的有機食物。當地擁有社區為本的再生能源供應，實行「自己電力自己發」，也有生態污水處理系統。

每所房子都以低碳、節能、無毒、善用天然物料的方式蓋出來。當地有自己的社區經濟，有農場、士多、生態學堂，以及採用由奧地利哲學家魯道夫・史代納提出的人性化教育哲學——華德福教育（Waldorf Education）營運之中小學。此外，也有自己的設計師、建築師，甚至有自己的社區貨幣。大家以各樣方式貢獻和營造社區、互相幫忙，換取滿足又永續的生活。

「自己社區自己管」的世外桃源

芬霍恩生態村彷彿是現實中的烏托邦，一個真正做到「自己社區自己管」的世外桃源，它是建基於堅實的管治和營運基礎之上，是一種可持續的發展模式。他們有個由十二人組成、民選產生的議會，但這並不代表社區成員可決定村內的大小事務，其職責只是協作進行民主商議和鼓勵自下而上的參與。

不同專業的功能，亦分散到分枝組織之中，避免決策過於集在在議會層面。說來慚愧，Karl Steyaert 說這種源於社會學宗師孔德（Auguste Comte）的社羣管治（sociocracy）理想，正廣泛應用在生態村以至主流社會的各類組織中。我作為社會學學者，卻完全一無所知。

未來教育實踐的方向

講座給我最大的啟示，是須相信社羣自發、民主商議的力量——一個看似不證自明、卻往往知易行難的願景。

我遂搜尋相關資料和教材，發覺聯合國教科文組織 Gaia Education 提供相當完整的課程，涵蓋靈性、社會、經濟、生態四大面向，可作為社羣合作共惠的方法學基礎。其中 Karl Steyaert 在工作坊和講座中重點提及的，有「建設社區和擁抱差異」、「溝通技巧：衝突、協作和決策」，及「個人充權及領導技巧」三個部分，對家家士多具有參考價值。

展望未來，家家士多亦將必仿效韓國的經驗，把焦點放在社員的教育及培訓工作上，而 Gaia Education 則提供框架。在此謹將這三部分的提綱列出，作為未來教育實踐的方向：

課程部分	目標	內容
建設社區和擁抱差異	認識社區建設的社會變革潛能	社區對生活的重要性
	認識羣體工作、羣體領域及羣體文化的元素	社羣演變的階段 羣體領域 羣體文化的元素 結構性衝突
	學習建立社區：成立核心羣體、塑造共同願景、創造社區共識、培養信任及善意	從整全角度看建立社區的關鍵元素 共同願景 願景、使命及目標
	擁抱差異及準備迎接豐盛的生命	差異中的統一 通過合作遊戲擁抱差異
溝通技巧：衝突、協作和決策	善意溝通及處理衝突入門	積極與深度聆聽 提供及接納回饋 善意溝通
	參與過程中協作者的角色及傳統	什麼是協作 協作者的技巧及工具
	社區生活中的決策、回饋、反思及檢討	統治與管治 深度民主 處理衝突
	不同的決策過程及共識決策的優勢	不同的決策過程 如何做決策
	體驗經協作的共識決策	建立共識的過程

續下表 ...

續上表…

課程部分	目標	內容
個人充權及領導技巧	探索壓迫性和創造性權力的差異	權力三角：改變權力的文化
	擁抱自我及為他人充權	督導的基石及組成部分 情緒智商
	學習如何令一羣強大的個體有機地合作	整全領導的組成部分 領導技巧
	促進對層級、權力及特權的警覺性	層級差異與權力濫用
	綜合領導技巧	領導技巧 「自我／關係」技巧

資料來源

'Social Dimension, Gaia Education Design for Sustainability.' See http://elementaleducation.com/wp-content/uploads/secure-files/14/4f544c2b04d695.87986810.pdf.

Karl Steyaert 臨離開前，還介紹了 Frederic Laloux 的 *Reinventing Organizations: A Guide to Creating Organizations Inspired by the Next Stage in Human Consciousness*（2014）一書，同樣是筆者後知後覺的重要著作。作者首先將人類歷史上的組織分為五大類，隨着歷史環境的改變而不斷更替：

類型	例子	管理方法	適用情況	限制
紅色 Red 狼羣	黑道，軍閥	· 重視人治 · 領導者決定方向，其他人跟着走，依靠力量和恐懼來管理	混亂無序的環境	短視、沒有長期目標
黃色 Amber 軍隊	學校、政府、宗教組織	· 重視層層控管 · 依靠流程管理和指揮與控制（command & control）	長期穩定的環境	無法因應環境變化作快速反應
橘色 Orange 機器	多數大型企業	· 重視內部、外部競爭 · 依靠目標管理和問責（accountability）	利潤導向	除了金錢，沒辦法提供其他工作動機

續下表…

續上表 ...

類型	例子	管理方法	適用情況	限制
綠色 Green 家庭	西南航空、 Ben & Jerry's， 使用 Agile 或 Lean 的組織	· 重視滿足顧客 · 依靠共享的價值觀、文化、和充分授權（empowerment）來運作	客戶認同 價值觀	建立共識太緩慢，層級架構跟自主管理起衝突
青色 Teal 生命 系統	覺旅咖啡、 Patagonia、 Morning Star、 Buurtzorg	· 重視組織和個人的天命 · 依靠抗脆弱組織（anti-fragile），在工作上做自己，運用建議流程自主管理	變化超快的環境，追求個人意義的社會	領導者的決心（或膽量？）

資料來源 http://funevo.com/2016/07/12/reinventing-organizations-agile-transformation.

強調自我組織和自主管理

至今，香港社會仍主要由黃色、橘色甚至是紅色的組織主導，此等來自工業甚至是封建社會的模式，顯而已無法應付時代發展需要。

綠色組織相當於本書所提及，強調消費者和持份者參與的企業，在資訊時代強調共同創造的組織，在香港亦很難找到類似例子。至於 Frederic Laloux 所預言的青色組織，彷彿就更是遙不可及的烏托邦國度。這正反映香港愈來愈停滯不前？ This city is dying, you know?

青色組織與其他過時模式的主要分別，是不再依賴臃腫的金字塔層級，避免中央集體的封閉決策；轉而尋求繁衍網絡狀的有機體，強調小組的自我組織（self-organization）和自主管理（self-management），但同時強調小組間的緊密訊息傳播和反饋。此舉不但能令讓個體成員以更整全的方式參與，取得更大自主性和滿足感；同時亦令組織更富彈性及靈活性，能迅速適應外部環境急劇變化。

在相當程度上，家家士多和壹樓共同社正是以青色組織作為奮鬥目標，*Reinventing Organizations* 一書則提供了更堅固的理論基礎，指引我們未來的工作方向。至於如何在自我組織和自主管理的路上走下去，相信家家士多和壹樓共同社將帶來重要啟示，但當然更有賴大家參與和共同創造！

【編後語】「Ctrl + Alt + Delete」城市 reboot

／呂瑋宗

參與開放合作運動、啟動共同體轉化，感覺就像把一台當了機的電腦 reboot（重新啟動）一樣。按一次「Ctrl ＋ Alt ＋ Delete」按鈕，給停滯不前的城市一次復興的機會。

這是個積極、內在的行為，毋須增添／拆除硬件、不帶破壞性，也沒有掉棄電腦／換機的念頭，只是執行本身原廠內置的功能和設定。Reboot 只有一個單純的目的，就是盼望它儘快能重新正常運作。

共享，也是愛鄰舍的踐行。合而為一，在羣體中積極參與、互惠共享，對人的需要和處境敏感，看別人的事如同自己的事。在本書的共享例子中，成員之間的連結超越物質，逐漸建立了同行者關係和情感。縱使起初合作時感覺陌生和難為情，但當打開心扉、開放自己後，原來一切可以變得不一樣。這不單是城市的成長過程，也是市民個人的成長歷程。開放合作，其實是從心出發。

記得在 1996 年上映的西片《天煞——地球反擊戰》(*Independence Day*)，片末主角成功擊落外星人的母艦後，馬上將方法告訴全球各國；之後連串畫面，就是各國「照辦煮碗」陸續成功擊退外星人。

韓國的共享成功經驗實在十分寶貴（《Breakazine! 038 逆行首爾》亦有實地採訪報道），韓國的經驗給予各國具體實踐辨法，盼望大家也可早日「照辦煮碗」，一同突破瓶頸。

共享，雖然原本是人類生存的基本方法，自幼兒階段便開始學習的課題，但要在成年人的世界實踐卻不容易。要重新啟動這部「機器」，難免要放棄目前的「畫面」。縱使不是以破壞為目的，但既得利益者也難免要面對轉變、或甚有所損失。不過若然成功的話，星光穿起會變一串光，是香港史上絕境逢生的奧蹟。

主要參考書目

宏觀類：

Charles Eisenstein (2011). *Sacred Economics: Money, Gift & Society in the Age of Transition*. Berkeley, CA: Evolver Editions.

Duncan McLaren & Julian Agyeman (2015). *Sharing Cities: A Case for Truly Smart and Sustainable Cities*. Cambridge: MIT Press.

Erik Olin Wright (2010). *Envisioning Real Utopias*. New York: Verso.

Jane Jacobs (1970). *The Economy of Cities*. New York: Vintage.

Jeremy Rifkin (2000). *The Age of Access: The New Culture of Hypercapitalism, Where All of Life Is a Paid-For Experience*. New York: Tarcher / Putnam.

Louis O. Kelso & Mortimer J. Adler (1958). *The Capitalist Manifesto*. New York: Random House.

Peter Barnes (2006). *Capitalism 3.0: A Guide to Reclaiming the Commons*. Oakland, CA: Berrett-Koehler Publishers.

Tim Jackson (2009). *Prosperity without Growth: Economics for a Finite Planet*. Abingdon: Routledge.

Michel Bauwens & Vasilis Kostakis (2014). *Network Society and Future Scenarios for a Collaborative Economy*. London: Palgrave Macmillan.

微觀類：

Charles Leadbeater（2006）. *We-Think: Mass Innovation, Not Mass Production*. London: Profile Books.

Don Tapscott & Anthony D. Williams（2006）. *Wikinomics: How Mass Collaboration Changes Everything*. New York. Portfolio.

E. F. Schumacher（1973）. *Small Is Beautiful: Economics as if People Mattered*. New York: HarperCollins Publishers.

Elinor Ostrom（2005）. *Understanding Institutional Diversity*. Princeton: Princeton University Press.

Frederic Laloux（2014）. *Reinventing Organizations: A Guide to Creating Organizations Inspired by the Next Stage in Human Consciousness*. Millis, MA: Nelson Parker.

J. K. Gibson-Graham, Jenny Cameron & Stephen Healy（2013）. *Take Back the Economy: An Ethical Guide for Transforming our Communities*. Minneapolis, MN: University of Minnesota Press.

Kosha Anja Joubert & Robin Alfred（eds.）（2007）. *Beyond You and Me: Inspirations and Wisdom for Building Community*. East Meon: Permanent Publications.

Michael Lewis & Patrick Conaty（2012）. *The Resilience Imperative: Cooperative Transitions to a Steady-state Economy*. Gabriola Island: New Society Publishers.

Rachel Botsman（2010）. *What's Mine Is Yours: The Rise of Collaborative Consumption*. New York: HarperBusiness.

Tom Slee（2015）. *What's Yours Is Mine: Against the Sharing Economy*. New York: OR Books.